マッチングアプリ依存症

精神科医 香山リカ

Matching App Addiction
Rika Kayama

内外出版社

はじめに

国土交通省の調査によれば、コロナ禍で全体的に外出の頻度は減っていますが、特に若年層の外出は減少傾向です。また別の調査では、「休日は家にいる方が好き」と答えた20代が38・2%を占めました。


「外出は必要最低限にして、できるなら家でゆっくり過ごしていたい」

「でも、恋人は欲しい。いつか結婚したい」

そう願う若者が多い中で、スマホ1台で誰かとつながれるマッチングアプリは、まさに彼らにジャストフィットしたサービスといえるでしょう。

どんな人でも、どこに住んでいても、スマホをタップするだけでたくさんの人とつながることができる。新しい異性にどんどん出会える。

私が20代の頃は考えられなかった出会い方です。


私は医者以外に大学教員の仕事も長くしているのですが、そこでの学生たちとの会話の中にも、ときどきこのマッチングアプリが出てきます。彼ら彼女らも、ほとんど日常のツールとしてアプリを使いこなしていました。

世の中に浸透しつつあるマッチングアプリですが、

・本来の目的である恋人探しを忘れて、様々な人とデートができることに楽しさを感じてしまう人
・自分に「いいね」が届くのが嬉しくて、異性からの「いいね」を集めることに躍起になる人
・会いすぎて誰がいいのか分からなくなっている人
・「もっといい人がいるかも」と恋人ができてもアプリをやめられない人

など様々な人がいることを知りました。

そこで私なりにこのマッチングアプリについて調べ、学び、考えてみたいと思ったことが、本書を執筆することになったきっかけです。

「マッチングアプリで婚活をしているけれど、なかなかいい人と巡り合えない人」

「気づけば5年もマッチングアプリに課金している人」

から、

「これからマッチングアプリをはじめてみたいと思っている人」

まで、様々な人に読んでいただきたいです。

もちろん、マッチングアプリは利用していないけれど、心理学に興味がある人にも
読んでいただければと思います。

精神科医　香山リカ

目次

第2章

目次

第4章

利用者の声を赤裸々に！ マッチングアプリ・ユーザーインタビュー

目次

第5章 マッチングアプリで恋愛迷子にならないために 165

第1章

今、結婚相手との出会い方が大きく変化している！

Matching App Addiction

「ネットでの出会いは危険」というイメージ

2012年に最初のサービスが開始されてわずか約10年で、学生からシニアまでが利用するようになったマッチングアプリ。でも、こうした男女の出会いをサポートするサービスは、わりと昔からあったのです。

1990年代後半〜2000年初頭のガラケー時代、交際相手と出会えるサービスは「出会い系サイト」と呼ばれ、男女が出会う1つの機会でした。匿名で登録でき、基本的に利用料は無料（一部有料サービスもありましたが）。そうした気軽さから、成人だけでなく未成年も利用するようになりました。

ただ、当時はこうしたサイト利用に関する法整備や安全面の配慮が十分とはいえず、未成年者が事件に巻き込まれたり、利用者に不当な高額料金を請求する詐欺業者が現れたりと、「犯罪の温床」として社会問題にも発展しました。

現在アラフォー以上の方々の中には、もしかしたら出会い系サイトを利用した事件のニュースを見たり、実際に怖い目にあったりした方もいるかもしれません。そのため、特に「出会い系は危険なもの」というイメージを待っていると思います（実際、私もそうでした）。

その頃は、「ネットで出会って付き合った」なんてまわりの人間にはとても言えない雰囲気がありました。まれにそういったサービスで出会い、結婚にまで至ったとしても、結婚披露宴では司会者が「出会いのきっかけは知人」と言ったそうです。

SNSの台頭による感覚の変化

しかし、そんなネットでの出会いに対する危ないイメージは、2007年頃にスマートフォンが登場し、世の中にSNSが急激に浸透しはじめたことで、徐々に薄まっていきます。

たとえば、「Twitter（現X）」やSNSの走りともいえるソーシャルメディアの草分け的存在の「mixi」は、メッセージやコメントのやり取りで仲よくなれば、比較的簡単に、リアルで会うことができました。

さらに、インターネット上で行うオンラインゲームや、アプリを介して男女が出会うことも増えていったと考えられます。

「Twitter（現X）で知り合った人とご飯を食べに行った」

「オンラインゲームのオフ会で出会って付き合った」

という声を耳にする機会も増加したと認識しています。これらのサービスは「出会い系」という看板は掲げていないものの、広義の意味では「マッチングサービス」といっていいでしょう。

その後2010年代になると、IT関連のテクノロジーがさらに発達。ソーシャルメディア「LINE」が出てきたのが2011年頃。瞬時にいつでも友人、知人とやり取りができるようになりました。

いわゆるデジタルネイティブ世代が現れたことで、その動きは一気に加速。その流れは当然マッチングサービスにも波及しました。

マッチングサービスに抵抗感のある40代以降と違い、現在10代~30代前半の若者た

【ネットサービス登場の歴史】

1990年代後半～2000年代初頭	出会い系サイト
2004年	mixi
2006年	Facebook
2006年	Twitter（現X）
2010年	Instagram
2011年	LINE
2012年	マッチングアプリ

ちは「マッチングサービスで怖い思いをした」といった経験や、犯罪に使われていたという事実を知らずに育ってきています。そのため、ネットで交際相手を見つけること、ネット上の相手と会うことに抵抗や恐怖感がそこまでありません。

彼らはマッチングアプリを「SNSの延長線上にあるもの」と捉えており、危ないものというより、新しくて便利なサービスの1つという認識が強いのでしょう。

最近は少し上の世代でも、SNSのやり取りがきっかけとなってリアルでの友人になったり、仕事につながったり、という人もけっこういると思います。

これはネットのセキュリティが整備されたからというより、「ネットは危険」などと言っていられないほどネットが当たり前のものとなり、生活に入り込んできたからなのではないでしょうか。

ネットで誰かと出会うことも、仲よくなることも、実際に会うことも当たり前。SNSの急激な拡がりが、マッチングアプリの利用の敷居をもグッと下げたといえます。

アプリ会社の企業努力

出会い系サイトからマッチングアプリへの変遷には、「SNSの影響が大きい」とお話ししてきました。

実際、教えている大学生たちに自分が使っているマッチングアプリを見せてもらうと、操作のしやすさや手軽さは、SNSの一般的なアプリとよく似ています。相手を選ぶ画面なども、「恋人候補を選んでいる」というよりも、なんだかゲームをプレイしているような感じで、エンタメ性すら感じます。

「恋人探し」「パートナー探し」は人生の重大イベントですが、それをゲームのようにサクサクッと楽しく気軽にこなすことができる。この、やっていることやその結果と、操作性のよさや楽しさこそ、若者たちがハマってしまう最大の理由なのではないでしょうか。

マッチングアプリの急激な普及に伴い、かつて出会い系サイト時代にあった「健全性・安全性」という部分も大きく改善されています。

たとえば現在のマッチングアプリでは、年齢確認が義務付けられています。さらには、運転免許証などの提示で、本人確認を求めるアプリも少なくありません。

このような取り組みが可視化されているので、ユーザーもとりあえずは安心してアプリを利用できるようになったと思います。

もちろん、そういったシステムの隙間を縫って悪質な利用をしようとする人もいるのでしょうが、以前の「ネットの恋人探し＝あやしい、危ない」というイメージはかなり払拭されています。これは「企業努力の賜物」といえるでしょう。

出会いのシステムとしては「お見合い」と同じ？

現在は、マッチングアプリを使って結婚するカップルも増えているといいます。

マッチングアプリを含むインターネットのサービスを通じて結ばれるカップルが増加したのは、２０１５年頃。コロナ禍の２０２１年の調査では、９・８％のお見合い結婚を上回る15・1％にまで上昇。その影響なのか、リアルでの恋愛結婚の割合は若干減少しています。

それを聞いて、「このままいくと、ほとんどの結婚はマッチングアプリを介して、という時代が来るのかもしれない」とまで思っていましたが、マッチングアプリを実際に見せてもらうと、「いやいや、時代が繰り返しているだけかもしれないな」と感じました。


リアルでの出会いで相手にひかれて交際を開始するのではなく、まず顔写真や年収、趣味といった少ない情報だけで相手を見定める。そして、それからようやくリアルで出会い、「この人なら」と思ったら交際を開始し、ゆくゆくは結婚する……。

これはお見合い結婚の流れと非常に似ています。

お見合いの縁談には「釣書（つりがき・つりしょ）」と呼ばれる自分の生い立ちや学歴、職歴といった身の上を記した書類が用意されますが、これはまさにマッチングアプリでいう「プロフィール提示」そのものです。

【結婚年次別　夫と妻が出会ったきっかけ】

	恋愛結婚	お見合い結婚	メディア・インターネット・アプリで出会って結婚
1990年～1994年	84.8％	12.7％	−
1995年～1999年	87.2％	7.7％	0.1％
2000年～2004年	87.4％	6.2％	0.8％
2005年～2009年	88.0％	5.3％	1.3％
2010年～2014年	87.9％	5.3％	1.0％
2015年～2018年	84.9％	8.1％	6.1％
2019年～2021年	74.8％	9.8％	15.1％

参考：国立社会保障・人口問題研究所　第16回出生動向基本調査（2021年）

40〜50年前の日本の結婚事情

日本にかつてあった〝誰でも結婚するのが当たり前〟の「皆婚社会」。これを支えていたのが、何を隠そう「お見合い」でした。

調査によると、1930年代には実に69％の夫婦がお見合いで結婚し、それから1960年後半までは、お見合い結婚が全体の半数を占めていました。

1930年以前をさかのぼっても、家父長制が敷かれていた明治時代の婚姻は、親同士、家同士が決めた結婚が主で、本人同士はお互い顔も知らないまま結婚に至ることもあったといいます。

NHKのテレビドラマ『ゲゲゲの女房』は、漫画家・水木しげるさんの奥さん、武良布枝さんのエッセイをもとにしていますが、武良さんも水木さんを初めて見たのは結婚式の席においてでした。

余談ですが私自身の若い頃を振り返っても、年頃になれば、親や親戚、職場の上司などから、相手の写真台紙を見せられることはよくありました。

「あなたもいい歳なんだからそろそろ……」

「知り合いの息子が独り身だから会ってみない？」

と声がかかるのです。

親も、

「ムスメがもう25歳なのですがまだ結婚できなくて」

と必死になってお見合い相手を探すような時代でした。

幸か不幸か、私の両親は「あなたの自由にしなさい」と言うようないわゆる進歩的な人たちだったので私は助かったのですが、それでも知人に「おたく（の娘さんの結婚）はまだなの？」などと聞かれて、ちょっと肩身の狭い思いもしていたようです。

若い人にそういった話をすると、

「それってかなり昔の話ですよね⁉　戦前ですか？」

と驚かれることがありますが、１００年や２００年も前の話ではありません。

ほんの40～50年ほど前までの日本では、どんな人でもみんな当たり前のように、それまで会ったこともなかった相手と交際前提でお見合いをして、結婚していたのです。

このように見ていくと、男女の出会い方が、スマホやPCといったデジタルデバイスを通して行われるようになっただけで、実はマッチングアプリは日本人に長く根付いてきた馴染み深い出会いのシステムだということが分かります。

そう考えると、今までになかったはずのサービスがなぜかすんなりと受け入れられ、急激に浸透していった理由もなんとなく分かる気がします。

とくに日本人は、「リアルでどんどん相手を探して接近して交際する」というのは苦手で、「誰かに紹介してもらう」というのが合っているのかもしれません。

仲人さんの不在

「マッチングアプリは昔のお見合い結婚と似ている」そんな話をしましたが、大きく違うところがあります。

その1つが、仲人さんの不在です。仲人さんとは、結婚に至るまでにお見合いのセッティングをしたり、両者の希望を聞いたり、ときには結婚を進めていく中での心配事の相談に乗ったりする、頼れる存在でした。

親戚や近所のおばちゃん、職場の上司が仲人役になることが多かったのですが、彼らは本人同士の間に入り、ただキューピッド役を担うだけではありませんでした。晴れて結婚に至った後も、盆暮れ正月のあいさつに子ども誕生の報告など、その関係性はずっと続いていくからです。

仲人はだいたい夫婦でやることが多いので、万が一、夫婦関係がうまくいかなくなって、

「浮気をしていることが分かったので、もう夫と別れたいのですが……」

と相談を持ちかけられれば、

「職場の部下として見ていると、彼は口下手で不器用な人間だけど、結婚して本当に成長したのがよく分かる。今回ばかりは許してやってくれないか」

「うちの人も若かったときは、何度か浮気したんですよ。男性って誰でもそんな時期があるのよ。今はこの人もすっかり落ち着いたみたい。もう少し長い目で見たらどう？」

などと夫婦でアドバイスする。

逆に

「それはもう私たちに構わず別れなさい。あなたは自分の力で生きていける人だ」

などと、立ち入った助言をすることもありました。

血のつながりはありませんが、まるで家族のような距離感で、自分が結びつけた夫婦に、責任を持って長く世話を焼いてくれる人生のメンター、それが仲人さんだったのです。

現代は、こうした仲人さんの姿を見かけることはほとんどなくなりました。1972年をピークに婚姻数そのものが減少しており、その背景からそもそも結婚するカップルが少なくなったこと、また戦後は、お見合いのような決められた結婚よりも自由恋愛による恋愛結婚を希望する人が増えたことなどから、仲人さんの存在もぐっと減ったと認識しています。

お節介がやりにくい世の中

さらに現在に時計の針を進めると、かつての仲人さんの言動の中には、ともすると、セクハラ、パワハラとも捉えかねられないものがあります。先ほどの「浮気をしてもがまんしろ」などの発言も、まさにそれです。

結婚に対しても、絶対善ではなく自由な選択となった今、

「結婚しなさい」

「何があっても婚姻生活を続けなさい」

「別れなさい」

などと第三者が言うのは、まさに余計なお世話でありハラスメントです。

昔は会社で結婚していない男性がいれば、

「キミ、彼女もいないんだろう？　家は荒川区だっけ？　うちの姪っ子が独身で北区に住んでいるんだけど、ちょっと会ってみないか？」

と声をかける上司がいたものですが、今そんなことを言うのはプライバシーに立ち

入りすぎです。

「どうやってそんな個人情報を手に入れたのですか？」

と警戒されるかもしれません。


私自身、先ほど述べたように、両親は「自由に」というタイプだったのですが、職場では20代後半になると「結婚しないの？」と言ってくる人もいて、とにかく鬱陶しいと感じていました。

ハラスメントを気にしすぎることによる弊害

ただ、プライバシーを尊重するという前提のもと誰に対しても踏み込まない、というスタンスが行きすぎるのも、「なんだか息苦しいな」と感じることもあります。
たとえば、私の職場に若い独身の女性研修医がいるのですが、夏休みに旅行をするという話題から、年配の看護師が
「いいですね。誰と？　彼氏さん？」

と聞きました。

するとまわりの看護師がすかさず
「それ聞いちゃダメなやつですよ！」

とピシャリ。日ごろ打ち解けている仲間なのだから、

「えー、彼氏かな？　どうだろう？　ヒミツ」

「わー、先生ったらなかなかやるー！」

くらいの会話があってもいいような気もしたのですが、それは私の感覚が古いということでしょうか。


「プライバシーには一切、立ち入るな」というのは、裏を返せば「何でも自己責任でやれ」と迫られる時代だともいえます。進路も、就職も、もちろん結婚も、さらには日々起こる選択と決断もすべて自己責任が基本です。

「社会人として当たり前のこと」と言えばその通りなのですが、その結果、「困ったときに相談できる人がいない」、ともすれば「相談することさえも許されない」のだとすれば、かなり厳しいことだと思います。

相手に対して強制やハラスメントにならない限りにおいて、今の時代も、もう少しフランクに個人的な話もできる方がいいのではないかと思っています。

恋愛も結婚も自己責任の時代

私は医師という仕事柄、新しい治療をはじめるときなど、患者さんに同意書を書いていただく機会が多くあります。

たとえばCT検査ひとつ受けてもらう場合でも、それに関する様々なリスクが記載された文章の後に、

「この検査に関連して万一のことがあっても、この同意書にサインすることで納得済みであったとみなします」

といった内容の一文が書かれています。

私は、こういった同意書を見るたびに、自己責任の時代を感じます。昔なら、「大丈夫。すべて私に任せてください」などと頼もしい町医者もいたでしょうけれど、

「リスクが怖くて同意できないなら、病気を治すことはできない。自己責任ですからね」

なんて言われたら、患者さんは突き放された気持ちになるのではないでしょうか。

「恋愛も結婚も自由でいい」と言えば聞こえはいいですが、これも裏を返せば「すべて自己責任」ということです。

そして実際は、

「恋愛や結婚をしたいけど、なかなか縁に恵まれない」

「環境的に難しくてどうやって出会うのか分からない」

という人がたくさんいるのが現実です。

町内会や地域のクラブ活動などのコミュニティの崩壊

もう少し、マッチングアプリ登場の背景にある「お節介を焼きにくい時代」「自己責任の社会」について考えてみたいと思います。

世の中がそうなった最大の理由は、やはり核家族化や都市型の生活が急激に押し進められたことにあるのではないでしょうか。

もともと日本には、「中間集団」と呼ばれる国や会社組織など公の集団と、それぞれの個人の間にあるような集団が無数にあり、多くの人が何かしらの集団に所属していました。

たとえば、町内会や労働組合、会社や地域のクラブ活動といったコミュニティがそれにあたります。

こういった中間集団に人はいくつも属することで、自然と横のつながりが生まれ、男女の出会いの場としても機能していました。それが、都市型の生活が浸透するにつれて、こうしたコミュニティは崩壊していきました。

さらに、個人のプライバシー保護の観点から、「個人情報は開示しない」「会社以外のリアルコミュニティへの参加はしない」といった世の中になったのは、先ほどもお話しした通りです。

その上、多くの人はとても忙しく、そもそも仕事の後に町内会や地域のクラブ活動に参加できる時間的余裕もなくなりました。

そういった地域のコミュニティに参加しない人に対しても、誰かが文句を言ったりはしません。「個人の選択」や「個人のライフスタイル」が何より尊重されるからです。

現代社会の孤独な側面

もちろん、現代社会にもいい面はたくさんあります。

10人集まれば、10人それぞれに趣味や嗜好、生活スタイルが異なります。アニメ好きだったり、鉄道好きだったり、アイドルの追っかけをしたり。買い物はコンビニ、外食はファミレス、誰とも話さなくても生活が成り立ちます。よくも悪くも、自分1人、あるいはごく親しい人とだけつながり、そこですべて完結できる社会です。

私もその恩恵を受けて、他人に必要以上に干渉されることもなく、楽しく暮らしてきました。こういうライフスタイルでは、自分の好きなものにはディープに入り込めます。

その一方で、周囲の人間が何が好きで、普段は何をしているのか知る手段が無くなり、ついには無関心になってしまいます。

よく言われるのは、今から20～30年くらい前までは、テレビの音楽番組をみんなが見て、「誰もが知っている曲」というのが存在しました。たとえば、サザンオールスターズや松田聖子さんのヒット曲などがそれです。

しかし今は、紅白歌合戦を見ても、年配の人は演歌しか知らないし、若い人たちは自分が好きなK－POPやアニメの主題歌しか知らない。「みんなで声を合わせて歌える曲」というのがないのです。

こうした現象は「タコツボ化」と表現されますが、まさに一人一人がこのタコツボの中に入ってしまうため、お節介も届きにくい世の中になっているのです。

もちろん、個人や多様性の尊重を否定する気はまったくありません。

しかし、「出会いたいのに、出会えない」と悩んでいる人に、

「あら、それならいい人いるよ。紹介しようか？」

と声をかけるちょっとおせっかいな近所のおばちゃんや上司がいたら、もう少し状況が変わるのではないか、という気がしてなりません。


若い人には「そんなこと望んでいない」と言われてしまいそうですが、その一方で相性のいい相手をＡＩに判断してもらうサービスを使っていることを考えると、

「誰かと責任を分け合いたい」

「自分の判断が本当にそれでいいのか、誰かに背中を押してほしい」

という本音が隠れていると感じてしまいます。

マッチングアプリに頼る人の中には、実は
「自分の恋愛や結婚について誰にも相談できない」
という孤独な側面があるのではないかと思っています。

強まる他人への警戒心

マッチングアプリについて調べていくうち、ふと昔の恋愛観や人生観が知りたくなって、先日『旅愁』という1950年代のアメリカ映画を観ました。

イタリアからアメリカまでの飛行機の中、偶然隣り合わせた男女が恋に落ちる。そんなよくある恋愛ストーリーで、数十年前の私なら「いいわねぇ」なんてにこやかに鑑賞できたかもしれません。

しかし、現代を生きる私にはどうにも違和感があります。たまたま隣に座ったからといって、いきなり知らない男性に

「どこから来たんですか?」

なんて聞かれたら……想像すると恐怖すら感じてしまいました。

社会のタコツボ化が進み、他人への無関心が加速するにつれて強くなったのが、他人への警戒心です。昨今、凶悪な事件が増えたこともあり、

「知らない人とは話したり関わったりしたらいけません」

「近所で会っただけの人に決してあいさつをしてはなりません」などと口すっぱく言われて育った人もいると思います。

一昔前なら、通学路で知らないおじさんやおばさんから
「おはよう。いってらっしゃい」
「あら、今日は学校終わるのが早いね」
なんて声をかけられることもよくありましたが、今や町内で子どもに声をかけるおじさんがあろうものなら、あっという間にママ友ＬＩＮＥや学校の連絡アプリで注意喚起が流される時代です。

警戒は、知らない人に対してだけではありません。最近は、友達同士でも「どこに住んでいるのか分からない」「家族構成までは知らない」といったことがよくあるといいます。

つまり、共通の趣味などピンポイントで話すことはあっても、家族のことなど立ち入った話はせず、本当はどんな人間なのか分からないけれど付き合っている。

このように、友人との関係性も昔とは変わりつつあるのです。

ネットに情報をさらけ出すことには無警戒

リアルでは仲のいい友達ですら完全に心をさらけ出すことはないのに、マッチングアプリでは会ったこともない人と自分の情報を共有する。さらには、実際に会って親密な関係になることもある……。これは、どこか矛盾していないでしょうか。

その姿はある意味とても無防備で、今の時代背景から考えるとまるで逆走しているようにすら思えます。

もちろん人間は矛盾をはらみながら生きていくものですから、「リアルとネットでの相反した行動が完全におかしい」と言いたいわけではありません。

ただし、リアルで自分のことをさらけ出せないものの、ネットではそれができる。その上リアルの世界で満たされないものを満たし、ありのままの自分を受け入れてくれるような安心感を持たせてくれるのだとしたら、注意が必要だと感じています。

人を介さないマッチングアプリの誕生

マッチングアプリはいつ頃から普及したのでしょうか。

一般的には、世界的にインターネットが普及し出した1995年頃、アメリカで発祥したといわれています。

それが日本に上陸してきたのは初代iPhoneが世に出てきた2007年頃といいますから、実はサービスの歴史としては、20年もたっていないのです。

マッチングアプリの登場で大きく変わったのが、やはり出会い方でしょう。それまでの出会い方は、友人や同僚、家族、ときに友人の友人など、必ず誰かを介するものでした。

そこに様々なテクノロジーが介入したことによって、人をまったく介さない出会いの選択肢が生まれました。

人を介さないわけですから、何人もの人と会おうが付き合おうが、つまるところそれは自己判断に委ねられています。極端な話をすれば、一度に10人、20人と同時にお付き合いを進行することも可能なのです。

さらには

「告白されたけれど、この人はキープしておいて新しい人も引き続き探そう」

「この人は何か嫌だからブロック」

などということも気軽にできるようになりました。

当然ですが、リアルの世界ではどんな美男美女でも、モテる人であっても、なかなかそういった極端な行動はできません。そこには他者の目が存在し、それが「道徳観」「倫理観」といったいわば抑止力になっていたからです。

しかし、そういった抑止力があくまで自己判断に任せられてしまったことで、複数人と付き合う、関係を持つ、ということもできるようになってしまいました。

「たくさんの人の中から、恋愛相手を選べる」という画期的なシステムが、こうした選ぶ快感を生み出したといえるでしょう。

出会いの質が軽量化？

さらにマッチングアプリの台頭によって、「数打ちゃ当たる」という恋愛観も、ありになってきたと私は感じています。

以前であれば、

「限られた出会いの中で、一つ一つの出会いを大事にする」

「そして目の前の人と向き合って、深くその人を知った上でお付き合いをして、結婚を考える」

これが、多くの人が「正しい」と思う出会いや恋愛のスタイル、価値観でした。

それが、マッチングアプリの登場によって見事に壊されました。これは、本当に大きな変化だと思っています。

一方で私が懸念しているのは、そんな倫理観がスタンダードになることで出会いの質が軽量化し、人そのものを深く見られなくなるということです。マッチングアプリで人を選ぶことが、商品を選ぶことと同じようになってしまう。人のことをモノのように見てしまう側面が、マッチングアプリにはあるように思います。

よさそうなものは次々とカートに入れ、気になるものはブックマーク。ちょっとでも嫌だと思ったら削除する。ネットショップで買い物をするかのように、恋愛相手を選んでは捨てる。そしてまた次の出会いを探す。

もちろんこうした仕組みは、大勢の中から相手を探していく以上、必要なものなのでしょう。１００人から「いいね」が来ても、１００人と付き合えるわけではないからです。そこから99人を捨てなければいけないのです。

ただ、これはあくまでアプリの特質だと理解していないと、結果的にはリアルでも１人の人間の価値を軽視してしまうことにもなるのではないかと感じるのです。

繰り返しになりますが、マッチングアプリはとても便利で、恋人探しには有益なツールだということは間違いありません。しかし、便利さ気軽さの裏に、失う価値観もある。それが今後、私たちにどういう影響を与えていくのかはちょっと要注意だなと感じています。

コロナ禍、結婚に対する価値観が変化

マッチングアプリの使用をぐっと身近なものにした出来事があります。それは、2020年頃から約3年続いた新型コロナウイルス感染症の蔓延です。

社会や私たちの暮らしはもちろん、結婚に対する価値観を変え、結婚に前向きな人たちを増加させたのではないかと私は考えています。

緊急事態宣言が発令され、他人と会うことが許されず「おうち時間」が推奨される中、唯一堂々と会うことができたのは家族のみ（遠距離の場合は家族にすら会えない状況もありました）。そうした世の中で、ネット上のみで出会えるマッチングアプリは急激に浸透していきました。

その根底には、いつ終わるかもわからない感染症の猛威に

「家族がいない自分はどうすれば？」

「もし誰とも会わないまま、1人で死んでしまったらどうしよう」

といった不安もあったのではないかと想像します。

こうした天災や予測不可能な自然現象はしばしば私たちを混乱や不安に誘い込みます。東日本大震災が起こった２０１１年もまた、同じように社会に広がった不安から、「震災婚」（独身者が結婚しようと動くこと）に踏み切る人が一定数いたといわれています。

このように社会がネガティブな感情に支配されると、「家族」というつながりの大切さをひときわ感じるものなのです。

コロナ禍のときに話を戻すと、実際、感染が拡大しはじめた２０２０年に行われた調査では、20代・30代の独身者の3割以上が「結婚への関心が高まった」と答えています。

その後、コロナ禍を経て結婚自体が増えたかというとそうでもないようなのですが、一人一人の結婚に対する価値観は「ただ婚姻届を書いたら夫婦になれる」からは、一味も二味も変わったのではないかと思っています。

コロナ禍より盛り上がりを見せているマッチングアプリでの出会いや結婚ですが、こうした流れはまだしばらく続くのではないのでしょうか。

世代で異なる、マッチングアプリとの付き合い方

マッチングアプリとの付き合い方には、世代間で違いがあるとみています。

なぜなら、世代によってSNSやネットに対する感覚にずいぶん開きがあるからです。

大学生に話を聞いていると、

「実は中学、高校時代にSNSですごく傷ついたことがあって、LINE以外はインストールしていないんです」

という声をよく聞きます。

20代前半の方たちは中学、高校といった多感な時期からSNSが存在していて、いい面も悪い面も一通り経験しています。だからこそ、「SNSと距離をとって付き合う」という判断ができるのでしょう。

ある女子学生は

「SNSは鍵アカウントにして、リアルで付き合いのある友達や家族とだけつながっ

ています」

という話をしていました。「SNSの普及から一周回って、顔の見える人たちとだけつながることを選択した」というのはある意味、原点回帰的な流れともいえます。

このような背景を踏まえて20代の方々のマッチングアプリの使用を考えてみると、昭和のような「恋愛のことを四六時中考えている」といった人は少なく、お付き合いするのもどこか冷静な印象を受けます。

一方で、学生時代にスマホがあまり浸透していなかった30代以上に関しては、若い頃にSNSで痛い目にあった経験が無いに等しいです。

ある程度、仕事や友人関係などで一定の分別ができる年齢になってからSNSが登場したので、マッチングアプリに関しても、むしろ便利なサービスとして使っている印象があります。

シニア世代のマッチングアプリ婚活

さらに、私が今後注目しているのは、50代以降のいわゆる中高年、シニアのマッチングアプリ活用です。

2024年の国立社会保障・人口問題研究所の人口統計資料集によると、2020年の50歳時の独身比率は男性28・25%、女性17・81%でした。人生100年時代だとすると、少なくともあと30～50年の間一緒に過ごすパートナーが欲しいというのも自然な流れです。

しかも50代以上は若いときにこうしたマッチングアプリを使っていないため（出会い系サイト時代だったため）、こうした出会いはむしろ新鮮に映るのではないかと感じます。

マッチングアプリに限らず中高年の婚活は活況をていしているようですが、いずれにしても「出会い」を求めてマッチングアプリを利用する方たちは増えていくと予想しています。

【性別　50歳時の未婚割合】

	男	女
1980年	2.60％	4.45％
1990年	5.57％	4.33％
2000年	12.57％	5.82％
2010年	20.14％	10.61％
2020年	28.25％	17.81％

参考：国立社会保障・人口問題研究所　人口統計資料集（2024年）

第2章

なぜ、マッチングアプリにハマるのか？

Matching App Addiction

前章では、マッチングアプリがどのような経緯で誕生し、その登場によって恋愛や結婚にどんな変化がもたらされたのかについて、概略をお伝えしてきました。

恋人や結婚相手と出会うための新たな手段として、コロナ禍以降急速に普及していったマッチングアプリですが、誰もがすぐに理想の相手と出会えるわけではありません。

消費者庁の調査によれば、20代は12・6％、30代は17・5％、40代は24・0％が2年以上、マッチングアプリを利用し続けています。おそらくこの人たちの多くは、理想の相手には巡り合えないまま、退会できずに登録を継続しているのでしょう。2021年の調査なので、もしかしたら現在はさらに長く利用している人も増えているかもしれません。

ただ、彼らが退会できないのは、「まだ理想の相手に巡り合っていないから」という理由だけでもないように思います。マッチングアプリをやめないのではなく、やめられない、あるいはやめたくない理由があるはずです。

本章では、マッチングアプリにハマってしまう理由について、深掘りしていきたいと思います。

【年代別マッチングアプリの利用期間】

20代

半年未満	55.3%
半年～2年未満	26.2%
2年以上	12.6%

30代

半年未満	49.6%
半年～2年未満	28.6%
2年以上	17.5%

40代

半年未満	47.1%
半年～2年未満	26.9%
2年以上	24.0%

参考：消費者庁調べ（2021年）

不足していた承認欲求を満たしてくれる

「マッチングアプリで多くの『いいね』やメッセージをもらうと、自分がすごく『モテている』という感覚になります。だからつい、多くの人から『いいね』をもらえるようなプロフィールにしようと頑張ってしまうんです」

これは、とあるマッチングアプリユーザーからのコメントです。自分のプロフィール情報が多くの人の目に留まり、それに対して好意的なアクションをしてもらえる。その反応がうれしくない人はいないでしょう。

マッチングアプリのプロフィールでは、いくらでも加工が可能です。現実ではそれほどモテない人でも、工夫次第では人気者になれる可能性があります。だからこそ、アプリにどんどんのめり込んでいく。まるで「いいね」を集めるゲームのように面白く感じるのも無理はありません。

その背景には、他者から「自分を価値ある存在だと認めてほしい」という承認欲求と、「自分がまわりからどう見られているかが気になる」という過剰な自意識があります。

もちろん、それはマッチングアプリ上だけにとどまりません。承認欲求を満たすような投稿は、SNSの広まりによって多く目にするようになりました。

・高級店で食事をした写真をアップする
・購入したブランド品の写真をアップする

あるいは、ネガティブな投稿で承認欲求を満たすパターンもあります。

・頑張って仕事して帰宅が深夜になってしまったという投稿をアップする
・病気にかかってしまって大変な自分を自撮りでアピール（風邪などの軽い症状にもかかわらず）

アプリやSNS上での投稿は、今や誰もが深く考えずに自然に行っていることなのかもしれません。承認欲求を満たしたいと思うことは当たり前という時代になっているのです。

また、誰もが過剰な自意識を持ち、自分はどう見られているのかを常に気にしている時代ともいえます。

日本人の自意識の歴史

時代をさかのぼりながら、この自意識についてちょっと考えてみましょう。

千年以上前、平安時代に書かれた『源氏物語』と『枕草子』を例にとってみます。2人の女性によって書かれた物語で、「さぞ自分のことがあれこれ書かれているのだろう」と思いきや、実は自分語りはそれほど多くありません。内容は、宮中で起こる出来事の記述、今でいうところのゴシップ記事と、自然の描写。

「自分とは何なのか」「何のために私は生きるのか」といった自分自身に迫るような内容がほとんどないのです。

つまり当時の人たちは、自分の意識自我というものにそこまで興味関心を持っていなかったといえるでしょう。

それと同じような現象を美術関連の研究の中にも見つけることができます。

「近代以前、日本には自画像を描く絵師がいなかった」

と聞いたことがあります。ピカソやゴッホといった西洋の画家たちは、たくさんの自画像を残しています。

しかし日本画は、浮世絵など他人を描いたものはあっても、自分自身を客観的に描いたものはそこまで多くありません。

日本人に、「自分を客観的に見つめる」「他人と比較して自分を考える」という習慣ができたのは、明治以降だったのです。

これも日本人の特徴の1つといえるでしょう。

与えられた道を、言われた通りに生きる

ではなぜ、日本人の自意識はそこまで育たなかったのでしょうか。

その理由の1つに、明治期以前の厳しい封建制度があげられると私は考えています。「私は一体何者なのだ」「自分はどう生きるべきなのか」と考えたところで、すでに与えられた身分や役割があるから、それは変えようもない。

長男なら家を継ぐ。武士の家に生まれたら武士になる。女性なら親が決めた人のも

とに嫁ぐ。武家の長男が
「俺は農業をやって生きていきたい」
と思ったり、女性が
「私も大名家で要職につきたい」
と思ったりしても、それが実現する可能性は低い。
自分で人生を選ぶことができなかったわけです。
また当時の人たちは、封建制度なんておかしいという考えすらなかったと思います。
特に江戸時代は鎖国されていたので、ヨーロッパではまったく違う生き方をしている
と気づくこともなかったでしょう。

もちろん、個人の自由がなかった時代を「いい時代」とは言えないのですが、一方で、自分についてあまり深く考えず生きていけたことも確かです。仕事も生活も自分に与えられた定めと割り切ってしまえば、自分がやるべきことに集中できます。
現代人のような悩みとは無縁の生き方だったことでしょう。

明治時代、自我の誕生

明治時代になり、西洋の文明が持ち込まれるようになりました。それと同時に、これまで身分制度の中で生きていた日本人も、自分を客観的に見て、自我の意識が芽生えるようになります。

どんな家に生まれたとしても、制約はあるものの、ある程度自分で生き方を選べます。生まれた場所を離れて、都会で暮らすことも可能です。

急に選択の自由が与えられた当時の人たちは、喜びながらもさぞ戸惑ったことでしょう。「あの子はすごいな」と自分と友人を比べたり、「今の自分をまわりはどう思っているんだろう」と他者の目から見た自分が気になったり。

時代の変化に翻弄された人もたくさんいたと思います。

1910年、歌人の石川啄木はこんな短歌を詠みました。

「友がみな　われよりえらく　見ゆる日よ　花を買ひ来て　妻としたしむ」

友人と自分とを比べて、「ああ、自分ってダメだな」と落ち込んでいる様子がうかがえます。おそらく実際はそれほどダメではないのに、勝手にコンプレックスを抱いているのでしょう。これは、令和を生きる人たちとほぼ同じ感覚の自意識を持っているといえると思います。

明治の日本に、突然やって来た自意識。

しかし、謙虚さや奥ゆかしさを美徳としてきた日本人にとって、自画自賛はとても苦手です。

それは今の時代でも続いていると思います。他人と自分を比較したとき、「私ってすごい！」と思う人は少なく、「私ってダメだな」と自信をなくしたり、「あの人はどうして何でもできるんだろう」とうらやましく感じたりする人の方が多いのではないでしょうか。

自分を卑下してしまう性質は、昔からずっと続いている日本人の得意ワザなのかもしれません。

反応が得られる喜び

インターネットやSNSがない頃は、「他人とのつながり」がリアルだけだったので、同級生や同僚、ママ友など、関わる人の数も限られていました。

ところが、そこにインターネットやSNSが登場し、状況は激変します。

自分のことを自由自在に発信できるようになり、「友達が今何をしているのか」が手に取るように分かるようになりました。さらに友達だけでなく、見ず知らずの人とも気軽につながれるようになりました。

また、自分の発信に対するリアクションとして、「いいね」が得られたり、フォロワーが増加したりします。

「私ってダメだな」とコンプレックスを抱きがちな人にとって、多くの人からの「いいね」は、これまで経験したことのない喜びを与えてくれることでしょう。「こんな自分でも興味を持ってもらえるんだ」と安心し、「もっと『いいね』して！」とリアクション中毒になってしまう人がいても不思議ではありません。

先の石川啄木も、もし今あの短歌をSNSに投稿したら、たくさんの人たちが

「すごい短歌の才能！」

「あなたがお友達より下なんてことはないですよ」

「やさしい奥さんがいるんだから最高じゃないですか」

と励ましたことでしょう。

「人から認められているという証拠が欲しい」という気持ちが、インターネットやSNSへ向かわせます。

これは、マッチングアプリにも同じことがいえます。

表面上は交際相手を探すツールとして利用しながら、いつの間にか承認欲求を満たすためのツールになっている。

これが、マッチングアプリにハマることの根底にあると考えています。

次から次へと写真が表示されるスワイプ機能

マッチングアプリの代表的な機能の1つに、スワイプ機能があります。スワイプとは、「スマホの画面上で一定方向へ指を滑らせる動作」のことですが、多くのマッチングアプリでは相手を選ぶアクションとして使われています。

マッチングアプリに登録した情報を元に、AIがあなたに合うと判断した異性のプロフィール写真を出してきます。気に入れば右にスワイプ。すると、相手に「いいね」が送られます。もしお互いに右スワイプなら、そこでマッチングが成立します。
逆に「この人はちょっと」と思えば左にスワイプ。すると、マッチングはされず、その相手は自分のアプリ画面には表示されなくなります（サービスによって機能の内容は異なる場合があります）。

1つのスワイプ作業を終えると、アプリ側はすぐに次のプロフィール写真を出してきます。また判断して、どちらかにスワイプ。これを繰り返します。次々表示されるプロフィール写真を見て、右にスワイプ、左にスワイプをしながら、異性を選んでいきます。

「たくさんの異性をどんどん見て、どんどん判断していける」という画期的な仕組みだと思うのですが、アプリの利用者は、このプロフィール写真を本当に〝人〟として見ているのでしょうか。私には、〝商品〟として見ているように思えてなりません。

もし、この写真を人として捉えていたら、左にスワイプするときに多少の罪悪感が生まれると思います。それが積もるとストレスとなり、「やっぱりやめよう」と気持ちにブレーキがかかることもあるでしょう。

しかし、平気で「この人は嫌」と瞬時に左スワイプもするわけですから、「そこに罪悪感はない」と考えられます。

あるのはただ「自分に合うかどうか」「気に入るかどうか」だけ。究極の自分本位の世界が、そこには広がっていると感じました。

会ってもいないのに顔写真とプロフィールで判断

アプリを開くたび、新しいプロフィール写真が次々と表示され、瞬間的に相手を好きと嫌いに振り分けていく。学生からスワイプ機能の話を聞いたときは、「それは人としてどうなの？」と驚きました。でも当の本人たちは、

「自分も相手から同じことをされていますし、仕方ないことです」

と、とてもあっさりしていました。もっと驚いたのは、

「右にスワイプするのか左にスワイプするか、考える時間は大体3秒以内です」

と言った学生がいたことです。

「じっくり考えるより、直感で選ぶ方が正しい選択ができるんで」

と言い切っていました。


たしかにリアルで行われる合コンでも、いざお店に行って相手の顔を見たらあまりに期待はずれで「なんか合わないから途中で切り上げてきちゃった」といった話は昔からありますから、それと同じと考えれば、分からないでもありません。

私の若い頃、「フィーリングで相手を選ぶ」という言葉がありました。松田聖子さんの再婚で話題になった「ビビビ婚」も、「〝ビビビ〟という直感で相手を選ぶ」という意味だったので、今のスワイプと似ているかもしれません。

ですが、マッチングアプリのスワイプが、「フィーリング」や「ビビビ婚」と決定的に違うのは、まだ一度も会っていない段階で判断するということです。

与えられた情報は、顔写真と簡単なプロフィールのみ。それだけで○×を判断し、たくさんの人を見ては、次から次へと瞬間的に見定めていく。出会える人の数といい、アクションの手軽さといい、リアルでは到底実現できることではありません。

また、マッチングアプリは、通勤電車やお昼休み、ともすればベッドの上でもどんどん人選びができてしまいます。どこかに出かけなくても、日常の隙間時間で交際相手を探すことができてしまうのです。

承認欲求だけでなく選民意識も満たされる

アプリから次々提案される異性の画像を見て、自分が好きな人を選ぶという行為は、

「自分に決定の主導権がある」

「自分は人を選んでもいい人間なのだ」

という、いわば選民意識願望も満たしてくれます。

あくまでも選ぶのは私。画面の中の異性たちは自分に選ばれるのを待っているのです。

承認欲求も選民意識も同時に満たしてくれる。こんなアプリは他にありません。

これほど気持ちのいいことはないでしょう。受験でも就職活動でも常に選ばれる側だったのに、ここでは自分が

「はいこれはダメ、次もダメ、ん？　この人はキープしとくか」

と選ぶ側にまわれる。

さらに、多くの異性から自分に「いいね」が付けば、「選ばれた」という快感も得ら

れます。

「異性からモテた経験はないに等しいけれど、ここにはこんなにも自分をいいといってくれる人がいる」

「自分がこれだけ選べる状態にある」

気分は次第に高揚してきて、このスワイプ活動から抜けることができなくなっていくわけです。

余談ですが、このスワイプという動作、

「スワイプはタップよりも快感がある」

と指摘する研究者もいます。いちいちタップしたり入力したりするのではなく、シュッと指をスライドさせるこの動きが、気持ちよさを高めるそうです。

やっていることが人選びだと思うと少し怖いですが、アプリを制作している企業は、こうした操作性のよさも、当然追求追しているのでしょう。

奥手な自分でも恋愛ができる

そもそもこのマッチングアプリが流行っている要因の1つに、恋愛経験が少ない若者の増加があげられます。

リクルートブライダル総研の調査によると、日本の20代未婚男性の46％は、異性と一度も交際したことがないそうです。

恋愛経験がない人全員がコミュニケーションに怖気づいているというわけではないと思いますが、それでも、

『初対面の相手にいきなり『ＬＩＮＥを交換しましょう』『携帯電話の番号を教えてください』と切り出すのが苦手」

「どうやってデートのきっかけをつくったらいいのか分からない」

と思っている人は多いのではないでしょうか。

最近、「ＴＥＬハラ」というハラスメントが話題になりました。

「職場の上司が新人や若手社員に、メールではなくいきなり電話をかけて対応を求め

ること」を指す言葉なのですが、「上司からの電話でさえハラスメントになるのか」と少し驚きました。

「リアルな会話のやり取りはなるべく避けたい」

「できればＬＩＮＥやメールで済ませたい」

というのが今の若者のデフォルトになっているとしたら、相手に知られないうちに選んだり拒絶したりができるマッチングアプリが流行るのも、当然といえます。

マッチングアプリ上でのコミュニケーションのハードルは、とても低いです。相手が自分のことをどう思っているのかも、ある程度分かった上でやり取りができます。

「出会いを求めてイベントや合コンに参加したり、サークルに入ったりするのは怖いしわずらわしいけれど、恋愛はしたいし、恋人は欲しい」

そう願う若者にとって、パートナー探しの第一歩としてこれほど適したツールはないでしょう。

勇気はいらない、恥はかかない、嫌なら即ブロック

昭和時代の若者たちは、「電話番号を教えていただけませんか」と意中の相手にドキドキしながら学校や職場で伝えていました。

もちろん、「すみません、他に好きな人がいて」と断られるかもしれないので、聞く方は必死です。

しかし、今の若い世代は、

「断られたら生きていけない」

「そんな恥をさらして、同じ職場でその後どうやって一緒に働いたらいいのか分からない」

と考え、あまり大胆な行動はしないようです。「恥をかくのは絶対にイヤ」というのも最近の若者の特徴です。

そういう意味でも、自分の恥や失敗は誰にも見られないマッチングアプリは、彼らにとって、とても快適なツールであるように思います。

さらに、今の人たちは制約が苦手。食べ放題、飲み放題、歌い放題など〝放題〟に慣れています。

マッチングアプリは、基本的に24時間365日、同時に何人もの異性とやり取りができるので、つながり放題です。今の時代にもマッチしているのでしょう。

ただ、中には付き合い放題になる人もいるので要注意です。「頻繁に会う仲だけど付き合ってはいない」という人が何人もいたり、友達なのか恋人なのか、いわゆるセフレなのか分からないような関係性が多数発生して、自分でも誰とどんな関係を築いているのか分からなくなることもあるでしょう。

そしてさらに問題なのは、ブロックし放題にもなることです。

ちょっとでも気に入らなくなったら、簡単に相手をブロックできてしまう。自分の身はそれで守れるかもしれませんが、何回か会って相手もその気になっていたのに、いきなりブロックされたらその人はどう思うのか。もし、自分がされたらどう思うのか。そういうことに想像力が働かなくなるのは問題だと思います。

マッチングが成立すると脳内にドーパミンが分泌

人間の神経伝達物質のひとつに、ドーパミンがあります。「幸せホルモン」とも呼ばれるこのドーパミンは、様々なシーンで分泌され、人間に快感や幸福感をもたらします。

恋愛でワクワクドキドキしているときにも、たくさんのドーパミンが脳内に分泌されます。それにより、より高揚感や幸福感を感じているといわれてきました。マッチングアプリで異性から「いいね」をもらったり、マッチングが成立したときにも、そのたびに脳内でドーパミンが分泌されていることでしょう。

はじめて会う人、はじめてのデートなど、はじめて何かをするときは、気持ちが高揚するものです。

次々新しい人に出会うことができるマッチングアプリでは、そのはじめての出会いの体験が無限にできます。お互いがマッチングすれば、実際のデートにもつながります。そこにスリルが伴うと、その後の幸福感はより高くなります。

マッチングアプリは、「ドーパミン無限放出ツール」ともいえるのです。

また、このドーパミンの放出には、「中毒性がある」ともいわれています。ある行動でドーパミンが分泌され快楽を感じると、脳は再び、同じことをしたくなります。そして、今度はさらなる快楽を得ようと、もっと頑張ってしまいます。ギャンブル依存も、同じ仕組みで起こることが知られています。

マッチングアプリでの相手探しをやめられなくなってしまったり、何人もの相手と同時並行でデートを重ねてしまったり。そういった行動の背景には、このドーパミン中毒も大きく関係しているのです。

「1人の人と真剣に付き合う」という価値観の崩壊

結婚相手を探すサービスの1つである結婚相談所は、「仮交際のときは複数の異性とのやり取りはOK。本交際に発展したら、相手を1人に決めなくてはならない」など、厳格なルールがある場合がほとんどです。

当然ですが成婚すれば退会となるため、「他にいい人がいるかもしれないから、もう少し相手探しを続ける」ということにはなりません。


その点、マッチングアプリの場合は、自分はもちろんマッチングした相手も「複数の相手と比較して自分を品定めしている」ということが前提のサービスです。さらに交際開始となっても、相手はマッチングアプリをやめずに相手を探し続けているかもしれない。それはルール違反ですが、結婚相談所とは違って人を介していないので、厳しく禁止することはできません。

彼氏・彼女など特別な相手がいながら別の相手を探すのは、リアル社会ではまず許されないことです。そんなことがまわりにバレたら、「不誠実な人」と言われ、評判が下がってしまうでしょう。

ところがマッチングアプリでは、「まあ、そういう人もいるだろうね」くらいで終わってしまう。恋愛とは、「1人の相手と真剣に向き合うこと」ではなかったのでしょうか。恋愛の価値観が変わりつつあるように思います。

まわりにバレずに出会える

マッチングアプリにハマってしまう理由をいろいろと考察してきましたが、まわりにバレずに婚活ができるということは、魅力のひとつです。

30代の保育士の女性のお話です。仕事は忙しく、職場は女性ばかりで出会いがない。「なんとかしなきゃ」と軽い気持ちでマッチングアプリの利用をはじめて出会ったのは、隣県に住む30代の広告代理店勤務の男性。気が合った2人はとんとん拍子に交際へと発展。現在もほどよい距離感で恋愛を続けているとか。

この女性は、

「アプリで出会ってデートしていることを、まわりの人たちに知られないのがとてもいいですね」

と話していました。

「もし、同じエリアで出会ったり知り合いの紹介で付き合ったりすると、同僚や保護者の噂のネタになっていたかもしれません。他人を気にすることなくお付き合いができる、という点がとてもありがたかったです。

彼は日系ブラジル人二世で、日本生まれなのですが、価値観なんかが私とは違うんです。それも世界が広がる感じで面白くて」

休みの日には、彼が住んでいる場所にプチ旅行気分で出かけて、デートすることもあるのだとか。

「私は狭い世界で生きているし、アプリがなかったらこういう人と知り合うチャンスは絶対になかったですね」

という彼女の言葉ももっともだと思います。

「自分と似た人がいい」「生活圏が同じ人がいい」というのではなく、「少し遠い場所に住む人と出会いたい」「新しい世界を知りたい」という人にとっては、アプリはまさに出会いの宝庫といえるでしょう。

リアルでは絶対に出会えない人との出会い

リアルでは絶対に出会えないような人と出会えるということも、マッチングアプリの大きな魅力です。

「まったく異性にモテなかった」という20代後半の男性は、エンジニアをしていて職場も男性ばかり。「やっぱり彼女が欲しいな」とおそるおそるマッチングアプリをはじめたそうです。

「自分はほとんどSNSもやりませんし、発信もしません。だから『いいね』をもらうことがこんなにうれしいのかと最初はびっくりしました」

そんな彼は、「世の中、こんなにいろいろな人がいるんだ」と驚きながらも活動を続け、現在、長距離トラックの運転手をしている女性と出会い、デートを重ねています。「彼女から聞く話が新鮮で。向こうも『エンジニアって何やってるの？』と興味を持ってくれてます。

育った環境もまったく違うのですが、お互い偏見を持たずにまずは相手の話に耳を傾ける、ということが大切だと分かってきました」

この話を聞いて、今までの生活では出会うはずのなかった人との出会いも、ある意味運命的かも、と思いました。

マッチングアプリで人付き合いのトレーニング

マッチングアプリは、使い方によってはコミュニケーションスキルを高める場、しいては恋愛スキル向上の場になると思っています。

「デジタル・ネイティブ」や「Z世代」と言われる20代から30代前半の人たちは、子どもの頃からインターネットに触れ、間接的なコミュニケーションを中心に育ってきています。「他者に対して自分の思っていることを直接伝えられない」、さらには「他人に無関心」という人も多いように感じます。

そのため、何か対人トラブルに出くわすと、予想以上に傷つき、「もうイヤだ」と逃げたくなってしまうのです。

実際に診察室で出会ってきた人の中にも、
「学校や職場で誰かから言われたあの一言が気になって、夜も眠れない」
「SNS上で『あなたのことが嫌い』と書かれてしまった。生きているのが辛い」
と言っていた若者たちがいました。

人付き合いの中では、ときには嫌なことを言われたり、嫌われたり、またその逆のことを自分がしたり、これは当たり前のことだと思います。しかし、今の若者たちはそんな人付き合いに慣れておらず、たった1回のトラブルが致命傷になってしまうのです。

恋愛に関しても同じです。一度フラれただけで「もう恋愛はしない」となったり、ちょっと喧嘩しただけで、それを解決するよりも別れを選択したり。相手と真剣に向き合うよりは、逃げる方向に走る人が多いように思います。

そんな人たちにとって、マッチングアプリは絶好のトレーニングの場となります。

気に入った相手に断られても「また次がある!」と立ち直るスキルを身につけたり、「自分が気に入った相手に好かれるには、どんな会話をするといいか」を想像したり。アプリの世界でなら、失敗や挫折、さらには「ちょっとした恥をかくこと」「満たされないこと」などもそれほど傷つかずに体験できるでしょう。

場数を踏むことで、人との付き合い方が分かってくると思います。

マッチングアプリは、メリットもあればデメリットもあります。

2章ではハマってしまう理由について述べてきましたが、3章では、マッチングアプリに潜む様々な闇についてお伝えしていこうと思います。

第3章

誰でも陥る マッチングアプリに潜む闇

Matching App Addiction

大学の教員をしていた頃、女子学生にこんな相談をされたことがあります。

「マッチングアプリで出会って付き合った彼氏が、アプリをやめずに恋人探しを続けていました。

私のアカウントは彼からブロックされているので見られないんですけど、友達から『これ、あなたの彼氏なんじゃない?』と言われて、見たら本人でした……」

浮気相手を探しているのか、いい人がいたら乗り換えようとしているのかは分かりませんが、それはショックだろうなと思います。これはマッチングアプリの闇の1つだなと感じました。

気軽に恋人を探せるマッチングアプリ。ところが、その背後には思いもよらない闇が広がっています。

第3章では、マッチングアプリの弊害についてお伝えしていこうと思います。

「いいね」の数が自分の価値だと勘違いしてしまう

前章で、マッチングアプリにハマってしまう根底に「承認欲求を満たしたい」という気持ちがあるとお伝えしました。多くの人からもらう「いいね」の獲得は、たしかに承認欲求を満たしてくれます。

しかし怖いのは、いつしかそれが「自分の価値そのものだ」と錯覚してしまうことです。

20代後半で会社員の女性もまた、その闇にハマってしまった1人でした。優しい目元でふんわりとした雰囲気の彼女は、マッチングアプリのヘビーユーザーで、4つのアプリに登録し、毎日こまめに自分の情報を更新し続けていました。

毎日200件近くの「いいね」をもらう彼女。そのためなら、時間も手間も惜しみません。

「彼氏を見つけたくて」と言ってはじめたものの、いつしか彼女は「いいね」をもらうことにハマってしまい、時間があれば「いいね返し」をもらうことを目的に異性に「いいね」する。そんな毎日を送っていました。

私は彼女にこう問いかけました。

「それって本末転倒じゃない？　欲しいのは『いいね』ではなくて彼氏でしょ？」

するの、彼女は思わぬ本音を漏らしたのです。

「本当は私だって嫌なんです。こんなに頑張って更新し続けるのもしんどいし、『私、何やってるんだろう』って思うこともしょっちゅうです」

そう言う彼女に
「じゃあやめたらいいじゃない」

と言葉をかけると、こんな答えが返ってきました。

「でも、ちょっとでも活動を休めば、『いいね』がもらえなくなっていくんです。昨日よりも今日の『いいね』の数が少ない、このままゼロになってしまうんじゃないか、と怖くて仕方ない……」

もちろんゼロになるなどという極端なことがあるわけないのですが、「これ以上、減ったらどうしよう」というのは、拒食症の人が「昨日より体重が500グラム増えた。このまま増え続けて80キロになったらどうしよう」と不安になる心理に似ています。

当然のことですが、自分自身の価値は「いいね」の数で決まるわけではありません。

その数も、日によって、あるいは月によって上下するのも当たり前です。

しかし、アプリにどっぷりつかってしまうと、「いいね」の数が自分の評価だと錯覚するようになってしまう。最初の目的も忘れ、「昨日よりもたくさんの『いいね』が欲しい」という果てしのない欲望にとりつかれてしまう。

ここにマッチングアプリの怖さがあります。

その後、彼女は幸いにも彼氏ができ、こうした行動はすっかりおさまっていました。

久しぶりに会った彼女はスッキリとした表情をして、

「今はアプリも退会して、彼氏と楽しく過ごしています」

と話してくれました。

にこやかに微笑む彼女を見て、やっぱり目に見えない誰かからの1000の『いいね』より、目の前の1人からの好意の方が心を安定させるんだ、と感じたことを覚えています。

「見て見て中毒」に要注意

先ほどの彼女は、承認欲求の追求におぼれすぎる前に引き返すことができましたが、中には歯止めがきかず、エスカレートしてしまう方もいます。

極端になると、他人からの関心を集めたいばかりに、本心はそうでないのに「もう生きていたくない」などとつぶやいたり、あるいは彼女のように「いいね」が欲しいあまり、日常そっちのけでお金も時間もそれだけのために費やしてしまうことがあります。

このような行動に走る人を、心理学で「アテンション・ジャンキー（注目中毒）」と呼びます。文字通りの「見て見て中毒」といってもよいでしょう。

裏を返せば、それは「人から見られなくなったらおしまい」と恐怖を感じているとも捉えられます。

そう考えると、SNSやマッチングアプリが世の中にもたらした影響は本当にすごいです。「知らない人とつながる」という表面的な変化だけにはとどまらず、人間の心理や行動のスタイルにまで影響が及んでいるのです。決して大げさではなく、「人類が初めて足を踏み入れた世界」といっていいでしょう。

私たちはこうした闇があることを知った上で、アプリを使っていく必要があります。

マッチングアプリが日常を遠ざける

マッチングアプリを使っている大学生に、実際にアプリを見せてもらったことがあるのですが、その機能の充実ぶりには驚きました。

メッセージをやり取りしている相手から返事が来ると、「お相手から返事が来ました！」と通知が来る。アプリを使用していないときも、「新しい登録者が入りました！」と通知が来る。あの手この手でアプリを使うよう勧めてくる。

企業努力の賜物だと思う反面、これはうっかりするとすぐにアプリ依存になるのも無理はないな、と感じました。

あるとき、50代の女性からこんな相談を受けたことがあります。

「大学2年生になる娘が、どうやらマッチングアプリにハマったらしく、学校にも行かなくなってしまいました」

と言うのです。

「詳しいことまでは分からない」と言いますが、1日中スマホを触っている。「お風呂よ」と言っても聞かない。食事中ももちろんスマホをかたわらに置いている。「大学は？」と聞いても無視。「もう、娘にどう声をかけたらいいのか分からない」と言うのです。

「最初は娘に叱ったり怒ったりしていたのですが、そうすると不機嫌そうになって、ますます自分の中に閉じこもってしまうようで……。私も夫もマッチングアプリがどういうものか分からない。だからどう対応していけばいいか、途方に暮れています」

と言います。私はその母親に

「ちょっと娘さんと話してみたいので、なんとか会わせていただけませんか」

と声をかけましたが、

「それは無理だと思う」

とうなだれていました。

マッチングアプリにハマってしまう人の中には、大学生や社会人となって新しく一人暮らしを始め、「友達や彼氏が欲しい」という方も少なくありません。知らない人、新しく出会うリアルの環境は、仲よくなるまでに、顔見知りになる、簡単なあいさつを交わすなど、一定の時間がかかります。

その点、アプリはそういった過程がなく、いきなりメッセージの交換ができるわけです。面倒くさいプロセスは不要です。そこに恋愛対象の異性がいれば、そちらに目が向くのも無理はありません。

緊張と解放が与える快感

心理学的に考えてみましょう。

アプリでのマッチングから実際の対面に発展するまでが、一番気持ちが盛り上がる時期です。

メッセージのやり取りをしばらくして、「会いましょう」となった後は、「どんな人かな」と考えて、スリルやドキドキが高まっていくはずです。

そしてついに対面となると、一気に緊張感が解放されます。

この緊張とその解放。この落差はある意味、麻薬のような快感を脳に与えます。ジェットコースターに乗り込んだときのドキドキ感と、そこからの解放、これが人をアプリに向かわせる最大の原因だと考えます。

ましてや、冒頭にあげたような通知が1日に何回も来れば、物理的にアプリを使用する頻度はグンと上がります。


しかもこのジェットコースター心理の怖いところは、たとえアプリで出会った人が意に沿わないイマイチだった人であっても、

「ろくな人がいないからやめよう」

とはならないところにあります。

むしろ
「次はもっといい人に出会えるんじゃないか」

と、まるで終わらないトランプの神経衰弱のように、延々と出会い、対面、そしてまた次の出会いを繰り返せてしまいます。

これは競馬や競輪といったギャンブルで負けて、「よし、次こそ負けを取り返す」とさらに夢中になる心理にも共通しています。

いきなり恋愛からはじめられる楽しさ

後日、先ほどの大学生の女性に会うことができました。

彼女はこう語りました。

「2年生になって、友人関係がうまくいかなくなってしまい、気晴らしにアプリに登録してみました。そしたら、思った以上に楽しくって」

「オシャレなカフェに行きたくても、私には誘える友人がいません。なので、そこにアプリで出会った人と行ったり……それが、すごくうれしかったです」

と話す女性は、アプリ漬けとは思えないほど真面目そうな雰囲気でした。

「大学のサークルで出会っても、あまり異性と仲よくできません。

その点、アプリは最初から1対1なので、口下手でもちゃんと向き合ってくれるし、そもそも誰かとデートできるというのが、それだけで楽しくって。『この登録者のどこかに運命の人がいるかも』と空想したりもしました。

気づいたら大学そっちのけで、とにかく多くの男性とデートすることを目的に、マッチングアプリに四六時中張り付いていました」

と言います。

彼女の話を聞いて、アプリには、「人が知り合って徐々に仲よくなるプロセスをすっ飛ばしていきなり恋愛になる楽しさ」と、「偶然の出会いという部分に運命や縁を感じ、自分がドラマの主人公になれる強烈な喜び」があるのだと確信しました。

「私は大丈夫」

「ギャンブルなんてやらないし、そんな何かにハマってのめり込んでしまうような精神は持っていない」

という人こそ要注意。先ほどの彼女のように、「マッチングアプリ中毒」に陥る可能性は誰でもあることを覚えておいて下さい。

交際を開始してもアプリを退会しない

この本の取材を通して、都内在住で30歳になる会社員の男性のお話も聞きました。週末はゴルフや登山など趣味も多彩で、さわやかな雰囲気の男性です。

さらに大手企業に勤務しているとあって、「彼女になりたい方がたくさん立候補するのでは？」と思いきや、「今は彼女はいないんです」と明るく話します。

ただ、これまでマッチングアプリで3人の女性と交際したことがあるそうです。

「サークルや飲み会で出会った人で『いいな』と思った女性もいたのですが、この年齢になると、向こうは既に相手がいるということがよくあります。アプリは、『彼氏・彼女をつくりたい』という目的の人が集まっているので、効率的に相手を探すことができて、本当にいいツールだと思っています」

「仕事が忙しい時期はセーブするなど、自分のペースで恋人探しを進めていくことができます。そういう柔軟性もすごくいいなと感じますね」

理論的にアプリのメリットを語る彼は、アプリの営業マンのようにも見えました。

アプリの会社にとっては、絵にかいたような優良ユーザーでしょう。

しかし、私が「あれ？」と違和感を覚えたことがありました。

「たしか、交際相手ができるといったんアプリをやめるんですよね」

こう確認すると、彼は、

「いえ、アプリは携帯画面からは消すんですが、アカウントは消しません」

とさらりと答えたのです。

「それは、彼女と交際中もですか？」

そう私が聞くと、彼は少しバツが悪そうな顔をして

「まあ……そうですね。付き合って、仮に別れたときもすぐまた相手を見つけられるよう、『アカウントは残しておきたい』っていうのもあるかもしれません」

なるほど、恋人ができて楽しい時期でも、既に別れたときのための心理的な保険をかけているのだと私は感じました。

初期費用の元をとりたい

さらに彼はこんなことも教えてくれました。

「男性の場合、アプリを登録するときに初期費用がまとまってかかるんです。だから元をとるわけじゃないですけど、彼女ができても解約しない人がほとんどじゃないですかね」

「なるほど。業者としては、そうやって男性を引き留めておこうとするわけですかね」

「そうですね。それに毎月一定の金額を払っておくと、毎月相手に送れる『いいね』の数がたまっていくんです。だから、その人と別れたらすぐにいろんな人に『いいね』を送って活動を開始できるじゃないですか」

つまり、別れたときのことを考えて、アプリを退会することができないということ。

これが女性の立場ならどうでしょう。せっかく出会って真剣にお付き合いしようと思っているのに、相手は「保険をかけておきたいから」とアプリを続けている。これを知ったら、かなり失望するのではないでしょうか。「信用できない」と思ってしまっても無理はありません。

たしかに出会いがアプリではないお付き合いであっても、浮気したり他の人に心が移ったりすることはあるでしょう。

しかしアプリの場合は、はじめから「他にもっといい人がいるかも」と思いながら誰かと付き合うことになってしまう。これでは、目の前の相手に１００％の誠意で向き合うことはできないのではないでしょうか。

もちろんいろいろな考えがありますから、アプリもアカウントも消す必要はないのかもしれません。ただし、それが「アプリの機能や仕組みがそうさせないようにしている」という部分は、理解しておく必要があると思います。

話してくれた彼は、今後もアプリを使って彼女を探していくとのこと。余計なお世話ですが、「この女性に全力を傾けたい」と思う人が現れる日は来るのか、いつまでも「他にもっといい人が」と思い続けるのではないか、とちょっと疑ってしまいました。

理想を上げ続けてしまう

マッチングアプリを使用している人を見て、「注意した方がいい」と思ったことがもう1つあります。

それは、自分の理想をどんどん上げてしまうということです。

これが「仕事や自分のスキル達成のために理想を高く掲げる」ならいいのでしょうが、「もっといい人がいるはず」と理想を上げ続けてしまう行為は、いい交際にはつながらないといいわざるを得ません。

30代後半の女性の話です。これまでアプリで5人の男性とお付き合いしてきたものの、「未だ納得できる相手には出会えていない」と言います。

「付き合っているときも、ついアプリを開いて、『この人の方がいいかも！』と探してしまう自分がいます」

と話す彼女は、ハデでも地味でもない、いわゆる常識的ないで立ちの団体職員でした。その彼女の理想はといえば、

「年収は800万以上、身長は175cm以上、甘えたいタイプなので優しくて包容力のある男性」

と言います。

「そういう人、全男性の何パーセントだと思いますか？」

と思わず聞いてしまいました。

「私はもっと上のレベルの人と付き合えるはず」

実はこの「もっといい人がいるかも」という考え、相手に理想を求めているというより、私はみんなが憧れる理想的な異性と付き合うべき人だ、と自分への理想を高めていると考えられます。

現実には届かない自分の理想を追い求める。これは精神分析の世界では「自我理想の追求」と呼ばれます。自分自身のことや自分が置かれている現実が見えなくなり、

「自分はこうなるべき存在だ」

「本当の自分はこんなものではない、もっとすばらしいはずだ」

などと思い、だんだん自分で自分のハードルを上げてしまうのです。

おそらく読者の中には、両親などから「あなたは世界一かしこい」「誰よりもかわいい」と言って大切に育てられた方がいるでしょう。乳児の世界は狭く、親と自分しかいないので、親にそう言われると鵜呑みにしてしまいます。

そこでは「自分が一番だ」と思い込んでいますが、その後、幼稚園や保育園、続く学校生活で、他の子どもに出会います。

そして、「自分は決して一番ではない」「カッコいい人がこんなにいるんだ」と自分の正しいランクづけを知ります。

ところがマッチングアプリは、そうやって一度でき上がったはずの現実認識をぶち壊します。

「やっぱり私ってけっこうすごいかも」

「そうよ、これくらいの理想の相手を求めたっておかしくないんだ」

と乳児の頃の世界に戻ってしまいやすくなるのです。

それは、交際相手にも同じことがいえます。

たとえば学校のサークルや会社などに属していると、参考になるようなお手本、ロールモデルをたくさん目にすることができます。

すごく外見がよくて頭もいい女性が、意外にも地味だけど堅実な相手とお付き合いしているのを見たりすると、

「そうか、誰もが理想の王子様みたいな人と、結婚するわけじゃないんだ」

「彼女でも選ぶのはこういう人なのか」

と学習することができ、

「じゃあ私も、今の彼氏とけっこうお似合いかもしれないな」

と自分を相対化して納得したり、受け入れたりすることができるのです。

「それって妥協じゃないの」

と言う方もいるかもしれませんが、こうやって「ほどほどでＯＫ」と受け入れることは、人生をうまく生き抜く１つの知恵でもあるのです。

現実離れした人を平気で追い求めてしまう

マッチングアプリでは、前項のように現実を参考にする、という場面はまず訪れません。基本的に1対1のやり取りで相手を選ぶ。その繰り返し。

そうなると自分の価値観がずれていっても修正するチャンスが失われ、いつの間にか自分の判断が絶対的になるのです。

だからこそ、ハッと気づいたときにはわがままになり、傲慢さが出てきてしまうのでしょう。

私から見れば、それは「子ども時代にワーッと泣けば誰かが相手をしてくれる、まるで自分が王様・女王様だった時代」に心理的には戻ってしまうのと同じだと考えます。自分のなつかしい過去に戻るのと同じなので、ついわがままで傍若無人な振る舞いをしてしまうのです。

しかも、

「この人がいい！　いや、もっとすごい人がいい！」

と実際は「幼児性が出た自分が選ぶ」という形であっても、マッチングアプリの世界では1対1なので、それらをまわりからとがめられることはありません。

つまり、社会性がシャットアウトされた自分ファーストな世界が広がっているのです。

だからこそ、「自我理想」も強化され、現実離れした人を平気で追い求めてしまうのでしょう。

繰り返しますが、いったんこういう状況に陥ると、「これはおかしい」と自分でなかなか気づくことができません。話を聞かせてくれた30代後半の女性もまさに典型例でした。

それもまた、マッチングアプリの怖さだと感じています。

マッチングアプリ版ロマンス詐欺

「マッチングアプリを使うのは20～30代ばかり」と思っていましたが、意外と多いのが40代後半から50代のミドル世代。既婚者もけっこう多いと聞きます。

実際に会ったり食事に行ったりして交際につながる人もいますが、結果的にお金を巻き上げられてしまうという悲しいケースも耳にしました。

私の古くからの知り合いである50代の女性もその1人。すらりと高い身長に整った顔立ちで、40代と言っても通りそうな人でした。既婚者で子育ても終わり、夫とはマンネリ。そんなときに「軽い気持ちでマッチングアプリをはじめてみた」と話してくれました。

「こんなおばさんにも『いいね』してくれる人がいてびっくりした」

すっかりうれしくなった彼女は、やがて1人の「パイロット」と名乗る男性と出会います。その人は海外育ちだそうで、他の男性たちとは違い、最初から

「なんてステキな人なんだ」

「フリージアのように清楚でもある」

などのほめ言葉を浴びせかけてきたそうです。そのうち彼は

「今の会社をやめてパイロットのベンチャービジネスを立ち上げたい。あなたと、ビジネスや人生のパートナーとしてやっていきたい」

と言い、立ち上げの資金と言われて送金を繰り返してしまいました。

「え、これって何かおかしいかも」

と思う頃には、相手はアプリを退会していたそうです。

もちろんこれは詐欺なのですが、自分も既婚者でアプリを使っていた手前、夫はもちろんのこと、アプリの運営会社にも相談できない。

「警察に行った方が」

と言いましたが、首を横に振るばかりでした。

女性でも男性でも、こういった被害者になった人は少なからずいるようです。恋愛や結婚をチラつかせてお金を奪う、これは「ロマンス詐欺」と呼ばれますが、これと同じ手法がマッチングアプリでもあるのかと思うと、憂鬱な気持ちになります。


冷静に考えてみれば、パイロットがアプリに登録している可能性は高くないはずなのに、現実とは違い「そんなわけないでしょう」と言ってくれる人もおらず、

「もしかしたら私もいまの夫と離婚して、この人とすばらしい人生を歩めるかも」

と夢を見させられてしまう。それもまた、アプリの閉鎖性が関係しているのかもしれません。

こういった例はＳＮＳなどでも横行しているようですが、いずれにしても「もしかしたら」という幻想につけ込む闇だと思っています。

結婚して恋愛は卒業したはずなのに……

また、マッチングアプリで既婚者同士が出会い、実際にデートを繰り返している人もいるようです。

同じく私の知人の話です。古くから夫婦ともども友人なのですが、久しぶりに妻の方に会ったら、印象が華やかになっていることに気づきました。

私は何の気なしに、

「なんだか若返ったみたいじゃない。雰囲気が変わったね」

と声をかけました。すると彼女は、ふふっと笑って衝撃の発言をしたのです。

「デートする人ができたからかな」

「えっ」

と私が驚くと、その続きを話してくれました。

「もちろん夫はああいう人で、優しいし、それなりに安定した仕事だし、幸せに見えるかもしれないけど、もう私を女として見てないんだよね。なんか妹みたいな感じ。私、このまま一生、女性として扱われることなく人生を終わるのかと思ったら寂しくなっちゃって……」


私の衝撃は続いていました。彼女が言う通り、彼女の旦那さんはその分野ではとても評価されている人で、私からすれば仲良し夫婦にしか見えなかったのです。「やめなさいよ」と言いたいところでしたがすぐにそれも言えず、

「そうだったのね」

とだけ私が相づちを打つと、さらに彼女は続けます。

「夫は優しいけど、ロマンチックじゃないの。もちろんセックスレスだし。私は夫より一回りも下でしょ。いっときはホストクラブか女性用風俗に行こうかなって思って

調べたりもしてたのよ」

私はようやく質問してみました。

「それでいったい、どんな人とお付き合いしてるの？」

「すごく年下くん。まあ、デートっていうか、ご飯食べたりカラオケに行ったりするくらいなんだけど、着てる服や髪型もほめてくれるし。『あ、手が触れた』とかドキドキしてる。私なんかにまだ関心を持ってくれる人がいるんだって思って。新鮮よ」

もし、彼がさらに真剣に付き合おうと言ってきたり、万が一、結婚を望んだらどうするのでしょう。彼女にとってマッチングアプリは「救い」だったのかもしれませんが、私は複雑な気持ちになりました。

「現実は現実。あくまでアプリで出会った友達や彼氏は別もの」と割り切れてしまえばいいですが、そこでのめり込み、現実を捨てようとする人もいます。

マッチングアプリは沼だということを忘れてはいけません。

「目を離した隙に素敵な人が新規登録しているかも」

マッチングアプリの特徴の1つに、なんといっても「常時接続」があるでしょう。営業時間という概念はなく、どこにいてもできる。24時間365日いつでもアクセス可能なのは便利なのですが、裏を返せば「つながり続けられてしまう」ということでもあります。

ある20代の女性は、

「『自分が寝ている間にいい人が新規登録しているかもしれない』『誰かからメッセージが来るかもしれない』と思って、夜中でも何度も目が覚めて、すぐにアプリを開いてしまうんです」

と打ち明けてくれました。その結果、仕事や日常生活にも悪影響を及ぼし、

「もう少しちゃんと眠れるようになりたい」

と、ついに診察室にやって来るまでになりました。

「そんなこと考えずに寝ればいいのに」と思う方もいらっしゃるかもしれません。し

かし、彼女にとっては現実よりもアプリこそが自分の居場所であり、世界だったのでしょう。

彼女は前の彼氏と納得できない別れ方をしており、そのこともアプリにのめり込むようになった原因の1つだったようです。「夜が寂しい」と繰り返し言っていました。その点、昼でも真夜中でも、こちらがアクセスした時間にいつでも誰かが相手をしてくれるアプリは、寂しさを埋め合わせるのに最適だったのでしょう。

自分の居場所はここだけ

見方を変えてみると、ネットも24時間営業の店舗もない時代は、「夜○時になればその日は終わり」となんでも終了時刻がはっきりしていました。利用できない時間があったわけです。

ところが、今はネットの中だけではなく、すべてのものが夜も昼もなく稼働している時代です。コンビニはもちろん、ファミレスや牛丼屋など、リアルな世界でも24時間営業がめずらしくなくなりました。

当たり前のことですが、ＥＣサイトであれば、深夜だろうが早朝だろうが自分の好きなときにポチっと商品を購入することができます。航空券やライブのチケットの予約も時間に関係なく可能です。

そういう生活をしている中で、「誰かと24時間いつでもやり取りができればいいのに」と思う人がいても不思議ではありません。

リプライがつくかどうかわからないＳＮＳとは違い、マッチングアプリの場合だと双方向のアクションに発展するわけですから、つい24時間手放せないということになります。

次から次へとマッチングに適した相手が出てきたり、相手からメッセージや「いいね」といった反応があったりするわけですから、ふと目覚めてベッドの中でスマホを見続けてしまう、ということにも簡単になってしまいます。

こうなると、周囲からの情報は遮断され、〝自分洗脳〟のような状態になっていると言っても過言ではありません。誰にもマインドコントロールされてないのに、「この中にしか自分の居場所がない」と勝手に思い込み、のめり込んでいくのです。

マッチングアプリは〝自分洗脳〟が起きやすい

この洗脳というのは怖いもので、しばしば宗教などの勧誘でも用いられることは、多くの人が知っているでしょう。

たとえば、時間や天気が分からない窓のない密室で一方的に営業トークを聞かされ、気づくと契約書にハンコを押してしまっていた、というのもこの洗脳のバリエーションの1つです。

つまり、外部の情報が入るのを遮断することで催眠に近い状態をつくり上げ、営業マンが「私の言っていることだけが真実です」と相手に思い込ませ、その結果、客は高額商品であっても「そうか、これを買わない選択はあり得ない」と思ってしまうのです。

もちろん、マッチングアプリはそれとは違います。外部情報と遮断とはいっても、密室に閉じ込められているわけではありません。

他に目を向けないようにしているのは、あくまで自分。だから〝自分洗脳〟と表現したわけです。

いったんそういう状態になると、

「スマホの中にこそ真実や世界がある」

と思い込み、リアルな友人やひどいときは仕事を失う結果となっても、気になりません。逆に

「大切なのはアプリの中だけ」

といよいよ自分洗脳は深まっていきます。これもまた、マッチングアプリがつくり出した闇であり、怖さだと私は感じています。

相談に来た彼女には、

「とにかくアプリの外に目を向けるように」

とお伝えし、友達に会ったり習いごとに出かけたりしてもらうようにしました。

すると、

「アプリの外にも世界がある」

という当たり前の現実に気づき、次第に夜中もスマホを握りしめて眠る、といった状態から脱出することができたのです。

マッチングアプリでは、「自分洗脳が起きやすい」とぜひ認識して欲しいものです。

「遊びの関係がラクすぎる」

自分自身ではそこまで意識していなかったのに、なんだかこれまでのような付き合い方ができなくなってしまう――。そんなふうにこれまでの人生の価値観や生活スタイルを壊す可能性がアプリにはあります。

「遊び相手は常に探していますね」

と話すのは、30代前半の教育関連施設で働く男性です。キャンプが好きで話しやすい雰囲気を持つ彼ですが、離婚歴があるそうです。

さらに尋ねると、彼女がいるにもかかわらず、セフレも常時2~3人いるとのこと。

「ちょっと前までは、彼女もいなくてセフレだけがいました。最近彼女ができたんですよ」

と笑いながら教えてくれるそのフランクさは魅力的なのですが、なぜ彼女ができたのに、セフレもキープしているのでしょう。


「離婚してから、1人で過ごす時間が増えてしまって。それで、『誰か遊べる子いないかな』と思ってアプリをはじめました。どんどん出会えたんだけど、1人に絞って付き合うっていうのがなんか重くて……」

「じゃあ、恋人や結婚相手が欲しかったのではなくて、単に遊ぶ相手が欲しくてアプリを使っているのですか?」

「そうですね。それに、セフレとは言っても、それだけじゃないんです。ご飯食べたりたまには一緒にキャンプに行ったりするから、それで十分楽しかったんです」


たしかに、離婚で痛手を受けたとしたら、結婚に発展するかもしれない恋愛にはやや消極的になるのはうなずけます。

とはいえ、「セフレ以上、恋人未満」のような相手がこれまで10人以上いたというのですから、それはやはり常識的とはいえないのではないでしょうか。

恋愛観や人間関係のあり方まで変えてしまう

先ほどの彼に、

「もともとそういう恋愛をしてきたんですか？」

と聞いてみました。

すると、「全然、違います」と笑います。

「学生時代から女友達は多かったですが、いわゆるセフレ的な相手がいたこともありません。割と好きな子には一途な方でした」

それが、アプリを使用するようになってから、「楽しく話したり遊びに行ったりして、体の関係も持てる。その上、何度も会う必要がなく、縛られなくて楽」と感じ、セフレという関係性が自分に合っているような気がしてきた、ということなのでしょう。

つまり、アプリを使うようになってから、自分の恋愛観や人間関係のあり方がガラリと変わってしまったのです。

とはいえ、真剣に相手を探している人からすると、「軽い付き合いがしたい」という理由で登録している男性はやや迷惑かと思います。まずは、「このような男性もマッチングアプリには一定数いる」と知って警戒することが大切です。

自分の方は「ステキな相手に出会えた。これから交際したい」と思っているのに、相手は最初から「1回だけ」という気で会いに来ている。そして、体の関係を迫られ、「交際できるなら」と応じたのに、その後がない。これは悲劇です。

最後に、

「そんなあなたが、どうして1人の人と付き合おうと思ったのですか。彼女はセフレのことを知っているのですか」

と尋ねると、

「もちろん知りません。たまたまこの人とならまた会いたいな、と思ったのですが、いつまで続くかは微妙です」

　という答えが返ってきました。

「これまでの人達とは、『自分の都合のいいときだけ付き合えばいいや』と思っていたので気楽だったのに、今は彼女の存在に縛られちゃうから息苦しいんですよね」

　言葉にこそ出しませんでしたが、「アプリを利用して一度に何人もの子と関係を持ってしまうと、もう普通の感覚には戻れません」と言っているような気がしました。

　気楽で気軽の魔力にとりつかれた人は、そこから抜けるのが難しくなるのです。

いつも浮気を探ってしまう……裏切られた経験から人間不信に

　マッチングアプリには、また別の怖さもあります。

　30代前半の女性は、学校を卒業してからずっと資格を生かして医療関係の仕事をしています。専門職ならではの余裕が感じられる人です。

　そんな彼女ですが、

「マッチングアプリを使っていたのは1年半くらいで、今は使っていません」

とため息をついていました。これまでアプリで3人の男性と付き合ったとのことですが、その度に浮気をされてきたそうです。一時メンタルの不調に悩んだこともあるとのことでした。

「マッチングアプリでは、『お付き合いがきちんとはじまったら一緒にアプリを退会する』というのがルールのはずなんですが、『実は彼だけ退会していなかった』のパターンに何度も苦しみました」

もともと真面目な人なので、はじめは「私が悪いのかも」と自分のことも責めたといいます。

「そのうち何が本当か分からなくなってきて、一緒にいるときに彼のスマホの通知音が鳴ると、『アプリからの通知なんじゃないか』と疑うようになってしまいました」

こうやっていつも彼のことを疑うようになり、自分自身も「浮気されないように」と相手の顔色をうかがうようにもなっていくと、もちろん自然に交際を楽しむこともできません。

「それで3人目の彼氏のときもやっぱり相手を疑ってしまって。このときは、はじめて彼に強く問い詰めてみたんです。そうしたら『アプリは退会した』『俺のことが信じられないのか』って大ゲンカになってしまって。その後、お付き合いも終わりました。そういうケンカになるのが嫌で、もうアプリで彼氏を探すのはやめようと思ったんです」

そういった経験を経て、現在は友達の紹介で出会った男性と無事に付き合っているのだとか。

「やっぱりアプリではない出会いがよかったんですね」

と言うと、彼女の答えは意外なものでした。

「今度の彼は、友達の紹介で出会ったきちんとした人だし、浮気するような人じゃないと頭では分かっているつもりなのですが、やっぱりどこか疑うのが習慣化しているんですよね。相手は『マッチングアプリなんて使ったこともない』って言ってるのに、彼のスマホの通知音が鳴るとギクッとするんです。『やっぱりアプリをやっているんじゃないか』とか。すでに妄想ですね」

こうなると、「通知音恐怖症」と言ってもよいでしょう。「なんとかそれが消えて、もっといまの恋人を信頼できるようになってほしい」と思います。

もちろん、アプリで交際をはじめても、この彼女のように疑心暗鬼の状態にならずにすむ人もいるでしょう。しかし、一度傷ついた経験がある人は、ちょっとしたきっかけでそれがフラッシュバックしてきてこうして苦しむこともあるのです。「アプリで思いがけない傷を負ってしまうこともある」ということも、知っておいた方がよさそうです。

すべてが自己申告という闇

「マッチングアプリには、医師登録者数が実際の医師の数より多くいる」というブラックジョークがあるそうです。

つまり、虚偽のプロフィールで登録している人がいるのです。

たとえば、本当の勤務先はコンビニエンスストアなのに、「大企業メーカーの子会社」と言ってしまう。本当は小さな事務所で貿易関係の事務をしているのに、「大手商社勤務」と言ってしまう。あるいは、本当の年収は400万円なのに600万円前後と書いてしまう。

これらはいずれも完全なウソではなく、誰もがやる程度の〝ちょい盛り〟かもしれません。ただ、事実とは違うのは確かです。

もちろん、アプリよりずっと前の時代、お見合い全盛のときでも、実物よりよく写った写真を使ったり、「とても誠実、勤勉な人」とやや大げさに伝える仲人さんがいたりもしました。

ただ、マッチングアプリの怖いところは、そうした大げさ、ちょい盛り、ウソなどがすべて基本的に自己申告で簡単にできてしまう、ということです。どこまで信じてよいのか分からない中で、お互い手探りで相手を見つけ、出会いに踏み切らなければならないのです。

たとえば、

「へえ、大手商社か。そういう人とお付き合いしてみたいな」

とそこにひかれて選んで何度か会ったのに、後から「実はその子会社の下請けで働いてるんだよ」と打ち明けられたら、どうなるでしょう。「会ってみたら人柄が最高だから、勤務先なんてどうでもいいや」と思うでしょうか。それとも、「少しでもウソを交える人は無理」となるでしょうか。

ウソを書いた方は、「だましたかったわけではないよ、少しでも好意を持って欲しかったんだよ」と言うかもしれません。

でもやっぱり、自分を大きく立派に見せようとしてウソを忍び込ませるような人は、他のことでも同じような振る舞いをする傾向があるといえます。私としてはあまりおすすめできません。

よく見せたところで、しばらく過ごすと簡単にバレますし、会っていない段階での情報としては効果を発揮するかもしれませんが、定期的に会う関係になるのであれば、メリットは感じられません。

書かれていることすべてを鵜呑みにしないのと同時に、自分のことも必要以上によく見せようとしすぎないというのは、やっぱり基本なのではないでしょうか。

現在、アプリの運営側でも、このような虚偽情報が混じらないようにするため、身分証の提示をはじめとした本人確認の強化を進めているようです。

第4章

利用者の声を赤裸々に！
マッチングアプリ・ユーザーインタビュー

Matching App Addiction

これまで、大学の学生や診察室に来る人たちから、「マッチングアプリを使って実際に交際したことがある」という話を聞いてきました。

しかし、最もプライベートな恋愛の話題ということもあり、「それでどうなったの？」などと立ち入るのが難しいという側面もあります。

もう少し深掘りして本音を聞きたいなと思っていたところ、「自分のアプリ体験談を話してもいい」という方々に出会い、詳しくお話を聞くことができました。

個人情報を守るため職業や年齢など一部変更していますが、リアルな声をお届けできると思います。

体験談①――28歳・女性・広告代理店

1人目は、都内で働く28歳の女性Sさんです。快活な感じでお話も上手、男女問わず、様々な方から好感を持たれる雰囲気を持ち合わせています。

学生の頃はアプリなどを使わず自然な恋愛をしてきたのかと思いきや、「大学生の頃は交際らしい交際はなかった」と言います。

大学ではサークル活動もしていたそうですが、

「男女ともに仲間という意識が強くて、私はそこから恋愛感情を持つっていうのが無理でしたね。そもそもサークルや学校は彼氏を見つける場ではないので、むしろそんなふうに見られなかったというか……」

年代の違う私には理解できるようなできないような、そんなお話をしてくれます。

その後、就職。「そろそろ彼氏が欲しいな」と、お相手探しをはじめたそうです。

「最初からアプリを使っていたんですか？」

と聞くと、

「いえ、はじめは合コンや飲み会や友達の紹介などで出会いを求めていました」

とのこと。

半年くらい飲み会などで彼氏を見つけようと頑張っていたSさんですが、楽しく飲めても、なかなか1対1でのお付き合いには発展しない。そこでSさんは「こんなことをしていても彼氏は見つからない」と踏ん切りをつけて、マッチングアプリで彼氏を探すことにしたのです。

マッチングアプリでモテ状態に！

「これはマッチングアプリの特性だと思うんですが、やっぱり男性より女性の方がモテやすいし、簡単にマッチングするんですよ」

というSさん。毎日何人かとやり取りをしながら、週末や平日の夜を使って実際に会うようになりました。

「最初に会った方との食事は楽しくて、生活にもハリが出てきた感じがしたんですが、この人が恋人に、とはどうしても思えなかったです。

活動を続けていくうちにだんだん慣れてきて、どんどん自分もアプリを使いこなせるようになっていきました。そして、もっと効率的にいい人と出会えないかな、と思うようになっていきました」

会う前に自分と合うか、一緒にいて楽しいかをある程度知りたいと思うのは当然でしょう。Sさんはメッセージでやり取りをした後、まず電話で話してみる。それで楽しければ実際に会う、という方向へとシフト。

しかし、電話では盛り上がったのに実際に会うとなんだかつまらない……と感じる男性もいたといいます。

「『この人とは合わないな』と思っても、最初のうちは『せっかく来てくれたんだし』とその場を盛り上げようと無理にテンションを上げたり、相手をほめたりしていました。それで、帰ると男性からはすぐに、『すごく楽しかったね！　次もぜひ会いたい』みたいな返事が来て、『そうじゃないのに』と落ち込む。

何回かそういうことが続いて、やっと気づきました。自分が無理して盛り上げているから、相手に期待を持たせてしまってるんだと」

そこからSさんは、すべての自分の行動パターンを見直し、

・自分から「いいね」をする
・本当にいいなと思った人としか会わない
・顔が好みでも、自分の条件に合わない人とは会わない

ということを徹底したといいます。

顔写真は、適度に盛る

よりマッチング度を上げるため、Sさんは自分のプロフィールは随時見直し、修正をするようにしていきました。

中でも私が印象に残ったのは、Sさんの「顔写真」です。見せてもらうとバッチリ正面から写っていて、ほとんど加工がないくらいのリアルな写真を使っていたのです。証明写真のように正面を向いた写真を使うことも驚きでしたが、もっと加工だらけかと思っていました。

そのことを正直に伝えると、

「そうですか？　だって真剣に探したい場合は、写真と実際のギャップはなるべく少ない方がいいじゃないですか。でも『可愛く見せたい』という気持ちもある（笑）。だから目の大きさとか、肌ツヤを不自然にならないくらい修正して、1・2倍くらい盛って可愛くしているんです」

との答えが返ってきました。

なるほど、たしかにこれなら「詐欺だ」とも思わないし、可愛くも見える。誠実さもある。なんてよく考えているんだろう、と感心してしまいました。

3か月後、本命の彼氏をゲット！

そんなアプリでの活動を3か月程度したところで、ある男性と出会いました。お相手は、自分と同じ会社員。

自分から「いいね」をした人で、「アプリで結婚相手を探したい」という真面目な気持ちがあること、そして「何かトラブルがあったときも話し合いができる」という点が一致していて、Sさんはこの男性と一緒にアプリを退会することができました。お互い無事にアプリ活動は終了、ゴールインです。

「条件を設けて妥協せずに探し続けると、ちゃんと運命のお相手に巡り合えるんですね」

と私が言うと、

「運命かどうかはわかりませんが（笑）、でも『いいな』と思った人に、素直に自分の気持ちや大事にしていることなどを表現することはすごく大事かなと思いますね。カッコつけすぎて話を合わせたり、盛り上がったふりをして見せても、勘違いを呼ぶだけで。アプリでもやっぱりいい人はどんどん退会していっちゃうんで……」

またSさんは、彼に決めたもう1つの大きなポイントを教えてくれました。

「彼が言うには、アプリに登録して最初に出会ったのが私で、他の人にアプローチをかける前に私と付き合っちゃったらしいんです（笑）。だから変に慣れてないというか、他の女性と比べられることがなかったのもよかったのかな、と思いますね」

慣れている人がよいのではなくて、慣れていない人ほどよい。その分析力もすごいと感じますが、何より彼女のよさは、こうやってきちんと分析したことや自分の気持ちをオープンにできるところなのでしょう。

「やっぱり私は恋愛体質だったみたいです。彼氏がいるだけで気持ちが全然違うんですよ」

とノロケ話も聞かせてくれましたが、こんなに幸せそうな彼女を見ると、やはりアプリがもたらす恩恵は大きいのだと感じざるを得ません。

しかし私は次の男性ユーザーに出会って話を聴き、アプリの闇の部分も思い知らされることになりました。

体験談②――30歳・男性・コンサル

次にお話を聞いたのは、外資のコンサル系会社に勤める男性Tさん（30歳）です。見るからに知的で清潔感のある印象。取材に同行していた女性スタッフにかける言葉も丁寧で、思いやりがあるように見えます。気づかいもこまやかだし、見た目もさわやかだし、アプリを使わなくても十分女性にモテそう、と思いながらお話を聞きました。

まずは、アプリを始めた動機を伺いました。

「アプリをはじめたきっかけはシンプルです。単純に、誰かいい人と付き合えればいいなと思ったからです。それまでも友達の紹介や合コンで出会いはあったのですが、選択肢は増えた方がいいと思い、アプリも使ってみようかなと思って。彼女探しの1つのツールにしたんです」

「実際、使ってみてどうでしたか？」

「そうですね、こういうことを言うと引かれてしまうかもしれませんが、本当にどんどん出会えてしまえて驚きました。リアルでは考えられないスピードですね。

2～3人くらいと同時並行でやり取りをして、会っては体の関係を持って……みたいになっていきました。どんどん楽しくなって」

「彼女探し」という目的ではじめたはずなのに、いつの間にか「セフレ探し」に。会っては体の関係、そしてまた次に、というサイクルをこなすだけになってしまったようです。

「これまで10人以上と関係を持ってきた」

と平然と言うので驚きました。

「アプリで出会った人とは付き合いたくない」

Tさんは、どの人とも継続的なお付き合いには至らなかったといいます。アプリは一夜限りの相手探しのツールとなり、交際よりも新しい人に出会う面白さにハマってしまったのでしょう。

「楽しくなってしまったというのは、あなたがハマるほどマッチングアプリに魅力があったということなんでしょうか」

と聞くと、彼は少し考えて答えました。

「そうですね、言い方はよくないかもですが、女の子と出会えるのがゲーム感覚になっていった、というのはあると思います」

メッセージのやり取りをして、実際に会っておいしい食事をして、その後体の関係を持つ。なんだか映画かドラマの中の遊び人になったつもりで、刺激的な生活を楽しんだのかもしれません。

よく聞くと、全員が一夜限りの関係ではなく、「その中には何回か会った人もいた」

といいます。「その人は彼女候補にはならなかったのか」と聞くと少し予想外な答えが返ってきました。

「うーん、それはなかったですね。ちゃんとした彼女ということになれば、いずれ友達や家族に紹介することになるじゃないですか。そのときに『アプリで出会った』っていうのを言いたくなくて……」

「えっ、そうなんですか？　そこに抵抗を感じているんですか？」

「はい。僕プライドが高いんですよ。アプリで出会ったなんて、『リアルで相手を探せませんでした』って言っているようなもんじゃないですか。だから、すごく抵抗があるんです」

そうやって淡々と話す彼。最初は「彼女探しのツール」と思ってはじめたのに、やっぱり「アプリをやるのは恥ずかしい」と心のどこかで思っていたのでしょう。

それにしても、「次から次へとセフレを取り換えるためにアプリを使う」なんて誰が聞いてもあきれられるようなことを、ここまであっさりとかつ感情的にならずに話せるというのは、自分への確固たる自信があり、だからこそ「アプリで出会った人はホンモノの彼女ではない」というこだわりを捨てきれないのだと感じました。

とはいえ、自分もアプリを使っているのに、「アプリを使うような女性は彼女にしたくない」というのも少し矛盾しているのではないでしょうか。

たとえは悪いですが、自分も性風俗店を利用しながら、風俗嬢に「こんな仕事をして恥ずかしくないの？」などと説教をする男性のことを思い出しました。

女性の扱いがうまい人にはご用心！

Tさんは、現在はマッチングアプリをやっていないとのこと。その理由は、「10人以上と関係を持ってきて、あるとき『俺、何やってるんだろう』って我に返ったときがあって。その日を限りに、スパッとアプリはやめました。

それに、アプリを使わなくても（セフレになってくれる子が）いるんで……」

とのこと。彼女は欲しいと言っていましたが、少なくとも現状がTさんにとってすごくマッチしているのでしょう。

「こうした関係をいったんは続けていきたい」
と教えてくれました。

Tさんの話を聞いて、やはり女性に対して優しく気の利いた声をかけてくれる、そんな男性はそれなりに経験があり、女性の扱いに慣れているのだなと感じました。同時に、日常で出会いがあり、それなりに異性にモテる上でマッチングアプリを使う人には、他に目的があって利用していることも大いにあるということが分かりました。

目的が合わない人からは早めに離れよう

また、Tさんを含め男性たちに話を聞いた中で、共通点を見つけました。それは、アプリを使っていることを近しい友達にすら言わないということ。

考えてみれば、そもそも男性は恋愛相談も男友達にはあまりしないと思います。その中には「アプリは遊び」と割り切って何人もの女性とデートをしたり、体の関係を持ったり、「何をやってもまわりにはバレないからOK」といった感覚で楽しく遊んでいる男性も数多くいると考えられます。

アプリはこっそり自分だけで楽しめる。体の関係を持っても男性側には妊娠のリスクがないのもその理由だと思いますが、女性は交際していると思っていたのに相手はそうではなかったとしたら、なんとも理不尽な話だと思います。

だからこそ、女性側は自分の目的と合った男性を選ぶ目が必要になってくるでしょう。真剣に「彼氏が欲しい」と思ってアプリを使っていた女性が、Tさんのような男性を好きになってしまうと、大きな痛手を負ってしまうことになります。

自分の希望と合わない異性からは、早めに離れる。縁を切る。そうしたこともアプリを使っていく上では必要なスキルなのかもしれません。

いつかTさんがセフレ感覚で出会った女性に心を奪われ、「彼女になってください」と泣いて頼んでも逆に相手にされない……。そんな日が来れば、「女性たちの気持ちも少しは分かってくれるかも」と思いながら話を終えたのです。

体験談③——43歳・女性・フリーター

「合コンでいい感じの男がいたから、食って帰ってきちゃったんですよ」

数年前のことです。私は女子学生のそんな言葉に耳を疑いました。思わず

「それを言うなら男性に食われたじゃないの？」

と聞くと、

「そんなことないですよ～私が食ってやったんです（笑）」

とあっけらかんと笑う彼女に何と言えばよいか、言葉を失いました。

これはいい変化なのでしょうか。女性も地位が向上し、男性と対等な位置に立てるようになったからこそ、「～される」から「～する」のように主導権を握られるようになった。そう考えれば悪いことではないのかもしれません。

昭和の時代、女性は結婚するのが当たり前で精神的にも経済的にも男性に依存するのが基本。男性を立てて、男性に選ばれるのを待つスタンス。だから、捨てられるのも食われるのもいつも女性でした。

それが今では、男性と同等にバリバリ働き、もしくはそれ以上の収入を得る女性も

増えてきました。もちろんそのような女性は昔からいたとは思いますが、いずれにしても「男性には依存しない、私が相手を選ぶんだ！」という女性が増え大きな声になってきたというのは、ある意味頼もしくもあります。

3人目にお話を聞いたのも、そんな考えを持つ女性の方でした。

アルバイトをかけ持ちしながら、猫1匹と暮らすHさん（43歳）。これまで職場恋愛や知人の紹介などで多くの恋愛を重ねてきた彼女。

「マッチングアプリの存在は知っていましたが、リアルじゃない出会いなんて絶対嫌だから、むしろ『使わない』と固く心に決めていました」

しかし、その考えを大きく変化させたのがコロナショックでした。

「仕事もセーブせざるを得ないですし、家族とも満足に会えない。それで暇を持て余すようになったので、『彼氏はいらないけれど、遊べる男の人と出会えたらいいな』と思ってアプリに登録しました」

実際、コロナによってマッチングアプリ市場は拡大し、利用人数もぐっと増えました。Hさんもそのうちの1人だったようです。

遊び相手がたくさん見つかり、予想以上に楽しい！

「私の場合、彼氏ではなくてむしろセフレが欲しかったので（笑）、アプリはちょうどいいなと思いました」

とあっけらかんと話すHさん。コロナもありますが、30代後半から出会いが少なくなってきたこともあって、夜を過ごす相手もいない期間が2年ほど続いたこともあったのだとか。

「やっぱりリアルで出会うのには限界があります。年齢も年齢なので……。だから、アプリでは自分の条件に合う人が次々と出てきて、本当に楽しかったですね。もっと早くはじめておけばよかった！　と思うくらい（笑）」

と笑います。

食事だけ、遊びに行くだけ、ドライブに行くだけ、という人もいたそうですが、その後、体の関係に進んだ人も4～5人いたといいます。

「中には20代の男性もいて……。年の差があるからそもそも付き合おうなんて考えない。だから、遊ぶ関係としてちょうどよかったです」

彼女の話を聞いていると、「男性に多くを求めない」「あくまで自分自身が夜を共にしたいから会っている」「その場を楽しむことに全力を注ぐ」という主体的で割り切った遊び方をしていることが分かりました。

「もう少し仲よくなりたい人がいた場合はどうするのですか？」

と私が聞くと、

「そういうときはこちらから誘うこともありますが、無理して予定を合わせたりはしませんでしたね。無理するとその分、執着も生まれやすいので。成り行きまかせにしていることが多かったです」

とのこと。

どこまでもフラットな関係を崩さないHさん。一見ドライともとれる関わり方ですが、お話をしていくと聞き上手で、ずっと話していたくなるほどの親しみやすさも持っています。この不思議な魅力がきっと男性を惹きつけるのでしょう。

彼氏ではないけれど、頻繁に会える存在との出会い

「彼氏はいらない」と言っていたHさんでしたが、気が合い、また住んでいる場所も比較的近かったことから、月に何回か会う人ができたといいます。

現在もその人と関係があり、1年以上、定期的に会っているのだそうです。

「彼氏ではないんですが（笑）、限りなく彼氏に近い存在ですね。お互い家族にも会っているし。だけど今後結婚するかどうかとか、どうなっていくかは分からないです」

と自分のスタンスを崩してはいません。

なお、頻繁に会う人ができてから、アプリは退会。他のよく遊ぶボーイフレンドたちとも疎遠になったのだとか。

「不思議なんですけど、彼と一緒にいるようになって、他の人とあまり会いたいなと思う気持ちもなくなってきちゃったんです。なんだか罪悪感を持つようになっちゃって（笑）」

と笑います。これを一般的には「恋愛」というのではないでしょうか。男性の場合

は、セフレから彼女というパターンはほとんどないといわれていますが、女性の場合は、出会いがどうあれ、そこから古典的な恋愛に発展するということもありそうです。

もはや順番にこだわる時代ではないのでしょうか。最初は気軽に一夜限りのデートだけのつもりが、いつの間にか普通の恋愛へ。マッチングアプリで出会って、こういうパターンになることもあるというのでしたら、アプリは出会いのきっかけとしていい役目を担っているのかもしれないなと思いました。

そのとき遊ぶだけの関係は、一生続けられるのか

ただ、Hさんの話を聞いていると、〝遊ばれないで遊ぶ〟ためには、自分のスタンスと相手に最低限求める条件をしっかり決めて、それがブレないようにすることが大切だと思いました。

「全体的にマッチングアプリをどう思いますか」

と使用した感想を聞いてみると

「私が出会った人は楽しくていい人ばかりで、アプリを使って本当によかった〜と思っています」

と満足度はとても高い様子でした。ただ、ここまで割り切って使える女性はそれほど多くないように思います。

恋愛とは、お互い、相手が最優先で考えられる関係だと私は思っています。おいしいものを1人で食べたとき、「今度、あの人と来よう。このメニュー食べさせてあげたいな」と思ったり、「今頃残業で疲れているかな。あとで電話してみよう」と思ったり。相手を一番に思う関係、それが恋愛です。

でも、Hさんがマッチングアプリで楽しんできたのは、そんな関係ではありません。あくまでそのとき、おいしい食事をして体の関係を持って、「ああ、楽しかった。じゃあね」と別れる。

自分に何かあったときに、その人が駆けつけてきたりもしません。本当にそんな関係でいいのでしょうか。一生そんな関係を続けることは、難しい気がしました。

大切な存在ができて、恋愛観が変化

「アプリで多くの人と会ってきましたが、今一緒にいる彼が一番私のことを大事にしてくれました。だから私も相手を大事にしたいって思えるのかもしれません」

とうれしそうに話してくれるHさんの顔は、マッチングアプリを使いこなして遊びまくる積極的な女性というより、まさに恋する女性のそれでした。

彼氏やセフレがいない期間もあったからこそ、「1人で生きていく」という覚悟が決まった。しかし今の相手に出会って、また考えが変わった。「1人の決まった相手がいて、お互いを大切にできるってすばらしい」と思えるようになったわけです。

Hさんに「今の彼は、あなたがアプリでたくさんの人とセフレ的な関係であったことを知っているんですか？」と聞きたかったのですが、聞くことができませんでした。おそらくお互い、「過去にはこだわらない。これからを大切にしよう」と思っているのではないでしょうか。もうHさんがアプリで手当たり次第、いろいろな人と関係を持つ、という生活に戻ることはないと思います。

体験談④——35歳・男性・メーカー勤務

「マッチングアプリは男性だけが楽しめるツールではない」

前項のHさんのお話を聞いて私はそう感じました。

そして、このアプリを遊び相手探しではなくて、真剣な交際相手探しや結婚相手探しを目的に使おうとすると、男性の方がむしろ不利なのかも、と思いはじめました。

それは、先に紹介したTさんの例からも分かるように、男性の多くはプライドを捨てきれず、どこかで「アプリで相手を見つけるなんて」と思っていたり、相手の女性を「この人はこんなアプリに登録するような女性なんだ」とやや下に見ていたりするからです。

4人目のOさんもまた、このプライドが邪魔をして、彼女ができないループにはまり込んでいるうちの1人でした。とても礼儀正しく、感じのいい男性。日ごろから水泳やテニスなど様々なスポーツで鍛えており、公私の知り合いも多いといいます。

「まわりが結婚したり、子どもを産んだりといったライフステージの変化を見る機会が多くなり、自分もそろそろ相手が欲しいと思い、マッチングアプリに登録しました」

というOさん。3年間利用する中で3人の彼女ができたそうです。現在は恋人はいませんが、真剣に交際ができそうな人を1人に絞って、継続的に会っているとのことでした。

これぞ目的にかなった使用です。これまでの、「出会ってすぐに体の関係に」という人たちとはまったく対照的で、真面目にアプリを利用していました。

コミュニティに所属していても、恋愛に発展しない

Oさんは多趣味とのことで、

「じゃあリアルでもいろいろ出会いの機会がありますよね」

と聞くと、

「そんなことないですよ。それに、モテませんから（笑）」

とさらりとかわされました。

今回話を聞いた人はみんな、

「リアルでの出会いの機会はあまりないです」

「飲み会やパーティがあってもそこだけの関係で終わり。そこから恋人には発展しないです」

と言っていたのが印象的でした。

私は、それ自体は悪いことではないと思います。

私の若い頃は逆に、こちらは勉強したくて医療の研修会に出かけているのに、隣の席の男性が「今後も情報交換しましょう」と言ってきて、住所などを渡すと、「音楽会に行きませんか」といった誘いがしつこく来てうんざりすることなどがあったからです。


それに比べると、「飲み会は楽しく飲むだけ」「テニスサークルでは楽しくテニスするだけ」というのは、特に女性にとっては余計なストレスがなくてよいでしょう。

とはいえ、「恋人が欲しい、結婚したい」という人にとっては、「出会いの場がない」となるのも事実です。Oさんもその1人でした。

マッチングアプリ会員歴3年

それにしても、3年とは長い。まずは、このように長期間アプリを続けている理由を聞きました。

「もちろんアプリで彼女ができたこともあるんですが、なんていうんですかね、まあズルズル使っているというのはあるかもしれません」

と歯切れの悪い返事が返ってきました。

「3年間も使っていたからこそ、Oさんも好きだなと思える人に出会えて、お付き合いにまで至れたわけですものね」

と私が助け船を出すと

「うーん、今振り返ってみると、はじめの頃に出会った人たちは、本当に好きで付き合っているかというと、そうじゃなかったと思います。特に最初の人とは長く続かなくて。2人目の子は『あ、これから好きになっていくかもな』というところで向こうからフラれてしまって……」

水泳などで体を鍛えているOさんですが、内面は繊細で意外と押しに弱いのかもし

れません。話をさらに聞いていくと、

「これからどうやってアプリを使っていけばいいのか分からないんですよね」

とまで言っていました。

Oさんは
「昔は女性のタイプが結構あったんですけど、今はほとんどこだわりがないんですよ。『とにかく彼女が欲しい〜』ってまわりにも言っていますし（笑）」

とも言います。

「それでも彼女ができないのは、なんなんですかね」

というOさんでしたが、やはりどこかマッチングアプリで彼女を決めることに抵抗を感じているようでした。だからこそ、今、継続的に会っている人のことも、「この人だ！」と決められない。「リアルでいい出会いがあるのではないか」という幻想があるように思いました。


ただ、残念なことに「このオレはマッチングアプリで彼女をつくる人間じゃないはず」「もっといい人と付き合えるはず」というプライドが、リアルな生活でもにじみ出ているのではないかと思ってしまいました。だから、趣味のコミュニティや職場などでも女性側からは近づけないのではないでしょうか。

ちょっとおかしな話ですが、「マッチングアプリでの恋人探しに真剣に取り組んで、恋人や生涯のパートナーをつくろう」という人は、実は、リアルの出会いでも機会さえあればすぐに相手ができます。

逆に「マッチングアプリなんて」「こんなアプリを使う女性はちょっと」と思いながら利用している人は、アプリでもリアルでも彼女をつくることができない。私はそう思いました。

昔は男性が選べる時代だった

履歴書を見れば立派な経歴、性格もよくて、外見もそれなり。それなのに彼女ができない。そんな男性は今、Oさんだけではなくけっこう多いと思います。

「もうマッチングアプリしかないか。でも、このオレがどうしてマッチングアプリでしか彼女が見つけられないんだ？　おかしいじゃないか！」

こんな考えでちょっとイライラしている男性もいるのかもしれません。

でも、時代は変わりました。かつて、日本の男性の多くは、就職でも結婚でも、「特に努力をしなくても、自分は勝手に選ばれる」と思って生きてこられました。

私が大学生だった頃、東大に進んだ高校の同級生の男子の家には、大げさではなく段ボール箱いっぱい、企業からのお手紙が届いたそうです。手紙の中身は、「なんとかウチに就職してください」という熱いお誘いです。

経歴がよければ、男性は黙っていても誰かに選んでもらえる時代でした。

座布団で好意を伝える〝アナログ版マッチングアプリ〟

私は企業で従業員の健康管理をする産業医の仕事もやっていたのですが、平成の半ばくらいに、ある一流企業でこんな話を聞きました。

「ウチの若手男性社員たちは、女性社員に狙われて大変なんですよ。女性たちはみんな、座布団を手作りするの。そして、それを意中の男性社員のチェアにそっと敷く。男性が『あの女性からだな』と気づき、それを使い続けたら、めでたくカップル誕生。そうやって結婚が決まっていくという暗黙のルールがあるんですよ」

まさに〝アナログ版マッチングアプリ〟です。

座布団を一番先に作って敷いた女性が有利になるらしく、「新人が入ってくると、女性たちはみんな目の色を変えて座布団を作った」と教えてくれた人もいました。

当時はほとんどの働く女性が結婚を機に退職していましたから、女性にとって「誰といつ結婚できるか」は重大問題だったのです。

逆にそういった一流企業の男性にとっては、文字通り引く手数多。「僕は選ばれて当然」といつの間にか思ってしまっても不思議はありません。

昔から根付く男のプライド、自由になった女性たち

時は流れ、今やそういった風習はその企業でもないでしょう。時代は大きく変わりました。

しかし、「男だから」というプレッシャーはいまだに彼らに課せられます。

「男なんだから、将来は成功を収めてほしい」

「男は家族を養えてこそ一人前」

「男はスポーツか勉強、打ち込めるものを持つべき」

と、〝男〟という言葉を何度も聞きながら育てられた男性は、今も少なくないと思います。その結果、完全に昔の価値観を捨てることができないまま、

「男なんだからアプリを使わなくたって結婚できる。アプリに頼るなんて恥ずかしい」

「俺は、もっといい女性からリクエストが来るはずだ」

といった謎のプライドに捉われたまま、アプリを使い続ける男性が多いのではないでしょうか。

そういう意味では、女性の方が様々な選択肢が増えて自由に生きられるようになり、

マッチングアプリもそれなりに使いこなして、賢く彼氏をつくることができているように思います。

それに、女性の方が「マッチングアプリで出会うなんて恥ずかしい」と思う人が少ないようです。取材に答えてくれた女性たちも、どこか楽しげにこのアプリとの付き合い方を話してくれました。

マッチングアプリを使いこなし、生活のいろどりにしている女性たち。マッチングアプリを使いながらも、どこか恥やプライドの意識を捨てきれない男性たち。どちらがより楽しい生き方ができているかは、言うまでもないでしょう。

「別れても、またアプリで探せばいっか」

さらに、Oさんに話を聞きました。3年もアプリを利用していながら、まだ人生のパートナーは見つけられていないというOさんですが、

「セフレ探しのような使い方もしたことがないですね」

とも言っていました。女性が行きたい場所、やりたいことを叶えるようなデートが多く、それで自分自身がしんどい思いをしたことも多いといいます。なんだか修行みたいだなと思ってしまいました。

そこでもやはり、「自分がデートで失敗するわけはない。完璧な時間を過ごしたい」と思うあまり、リラックスして正直にやりたいことをやることができずにいるのでしょう。

「言われてみると、彼女と付き合っていて、嫌なことがあってもあまり言い合いなどはせず、あっさり別れてしまうケースが多かったですね。なんていうか、またアプリで探せばいいかなと思ってしまって……」

「相手とぶつかることが面倒くさい」「自分が傷つくくらいならこの関係を維持したくない」と感じてしまうのでしょう。そして、「またアプリで探せるから」と自分に言い聞かせて、すぐに手を引いていしまう。

なんだかマッチングアプリが〝心のお守り〟状態になってしまい、心から付き合おうと思えなくなってしまっているように感じました。

「誰とも深い付き合いができない」という悩みを抱える20～30代が多いと言いますが、Oさんもその1人なのかもしれません。

目的の異なる人が、1つのアプリに混在しているという事実

4人それぞれのユーザーインタビューを通して、マッチングアプリの様々な実態が見えてきました。使い方は人それぞれ、何がいい、悪いはありません。ただ、セフレが欲しくて登録した人と、結婚相手を探して登録した人が1つのアプリに混在しているということを、忘れてはいけないと思います。

「マッチングアプリ」という出会いの形は、今後もなくなることはないでしょう。自分が無駄に傷つかないためにも、様々な目的の人がいるということを理解した上で利用していただきたいです。自分と相手では、同じアプリを使っていても、求めることや期待することがまったく違う場合もある。これを忘れてはなりません。

第5章

マッチングアプリで恋愛迷子にならないために

Matching App Addiction

前章では、マッチングアプリユーザーたちの様々な事例を紹介してきました。

これまでもお伝えしてきた通り、マッチングアプリにはゲームのような楽しさ、面白さがある反面、多くの闇が潜んでいます。

しかも、明らかにハマってはいけない闇とすぐに分かるものばかりではなく、利用を続けるうちに知らず知らずの間に闇の中に足を踏み入れている……そんな怖い罠のような闇が待ち受けているのです。

5章では、このマッチングアプリで恋愛迷子にならないために、詐欺や犯罪まがいの危険に巻き込まれないためには、どのように使っていけばいいのか、詳しくお話ししていきたいと思います。

会いすぎて誰がいいのか分からない

長年、マッチングアプリを使っている方の中には

「正直、たくさんの人に会いすぎて、結局、誰が自分に合っているのか分からなくなりました……」

という方が、けっこういるようです。
「性格も収入もいいと思ったけれど、なんだかしっくりこない……」
「すごく優しくて幸せになれそうだけど、なんとなく付き合おうと思えない……」
と、会う人会う人に理由をつけては次のお誘いを断ってしまうのです。

客観的に見ると「なかなか贅沢な悩みだな」と思いますが、ご本人からすると深刻なもの。毎日アプリをチェックして「いいね」を送ったり、メッセージのやり取りをして積極的に新しい出会いを探したりしているのに、空振りばかりという気がしてモヤモヤしてきます。「一体どんな人なら満足できるのか」、自分でも見当もつかないし、ただただ時間が過ぎていくばかりでもどかしい。

そんな気持ちが心に満ちてきてしまっているなら、思い切って一度アプリから離れ、お相手探しをお休みしてみることをおすすめします。

なぜなら、このような迷いの原因は「理想の相手が分からない」にあるのではなく、「自分の理想が分からない」にあるからです。

転職活動同様、アプリでも自己分析！

「誰を好きで誰と付き合いたいのか、分からなくなったことがあります」と話してくれた方がいました。今はアプリで出会い、結婚を前提に付き合っている彼氏がいます。

当時の彼女は結婚という目標があり、1か月に10人以上というハイペースで出会いを重ねた月もありましたが、どれも発展しなかったそう。「もうここでの出会いはあきらめて退会しようかな」と思ったとき、ふとある考えが浮かんだといいます。

「ちょうどアプリで転職活動をしていて、マッチングアプリと相まって、1日に何時間もスマホをいじる生活が続いたんです。そんなとき、ピン！と『これってマッチングアプリで相手を探すのも同じなんじゃないか？』と思ったんです。

理想の会社と出会うには、自分がどんな会社で働きたいか、どんな仕事・働き方がしたいか、そもそもなぜ自分は就職したいのか、といった自己分析が大切ですよね。だけど、マッチングアプリはそれもなくやみくもに相手探しをしていました。理想の相手と出会うために、自己分析が欠けていたのではないかと思って」

そこで、これまでの恋愛経歴や嗜好、さらには相手に求める条件やマッチングアプリを使う目的を改めて整理したといいます。

・「優しい人」って具体的にはどんな人？
・「同世代」って何歳から何歳まで？
・「育児に理解がある」って何と何をやってくれる人？
・私はこのアプリで交際相手、結婚相手どちらを探したいの？

こんなふうに徹底的に深掘りした結果、結婚相手に求める条件や求めるタイプがはっきり分かったといいます。自分の中でモヤッとしていた相手のタイプが可視化されたことによって、頭の中も整理されたのでしょう。

とにかく、「こんな人」と漠然と思い描くのではなく、条件を具体的にあげていくことが大切です。

自分の軸を持つということ

その後、彼女は分析によって導き出された回答を自分の軸として、「たとえ他の点ではいいかなと思った人でも、自分の決めた軸からズレている相手は、思い切って切る」ということを心がけたそうです。

なかなかにストイックな作業だったようですが、その結果3か月で自分の軸にマッチした相手と出会い、お付き合いに発展。現在は、結婚を前提に順調なお付き合いをされています。

いろいろな人と出会えるのはマッチングアプリのメリットでもありますが、ときにそれが仇となり「結局、どんな人を見つけて何がしたいのか」という当初の目標や自分自身を見失ってしまいがちです。

そんなとき、まずやるべきは、「私はこのアプリで何がしたいのか。具体的にどういう人を探しているのか」という〝自分自身の棚卸し〟です。

「早く相手を見つけなきゃならないのに、そんなことしている時間はない」と思うかもしれませんが、自分自身をよく理解しないままがむしゃらに進む方が、冒頭のように「誰がいいか分からない」ループにハマり、かえって遠回りになってしまいます。

それどころか、自分のことが分かっていないのに外部からの情報が来ても、インプットされることばかりが過多になってしまい、「ええと、この人もいいし、こっちの人も」とその処理だけに時間をとられてしまいます。

そうならないためにも、まずは一度、「外部からの情報を遮断し、自己分析を行う時間をとること」をぜひ心がけてみてください。

改めて自分自身を振り返ることで、相手探し以外にも新しい自分に気づくこともあるでしょう。自分のことは、意外に自分が一番分かっていないもの。「あれ、私って相手探しじゃなくて、本当は趣味を充実させたかったのかも」と気づいたなら、それでよかったじゃないですか。

理想の相手を見つけたいのなら、怖がらずアプリをやめるか休むこと。そして自分自身の目標、未来について、臆せずに向き合ってみてほしいと思います。

平気で嘘を重ねられる

「マッチングアプリですごく好きになった人が、実は既婚者だったんです……」

3章でも取りあげましたが、仲よくなってからこんな悲劇が訪れるケースもけっこう多いようです。

「嘘をつくなんて最低！」「詐欺男！　さよなら！」とそのまますきっぱり離れることができればいいですが、こうした真実が明らかになるのは、大抵、恋愛が最高潮に盛り上がっているとき。なかなか離れられず、いけないことと分かっていてもそのまま不倫に走ってしまう人も多くいるのが事実です。

あるアンケート調査では、「マッチングアプリを利用する男女の半数以上がプロフィールに事実とは異なる情報を載せている」という結果が出ています。

年齢や職業、年収、身長、外見、国籍……匿名性のあるマッチングアプリならいくらでも嘘がつけてしまいます。「結婚しているのに独身と偽るのはダメでしょう」と思いますが、それにしても、「プロフィールをちょっとくらい変えるのはお互いさま」とあまり罪悪感なくやってしまう人がいるというのですから、油断なりません。

さらに怖いのが、こうしたプロフィールの嘘がバレずに済んでしまうと、タガがはずれたように他の行動でも嘘を重ねてしまう人がいることです。

ある女性からは

「待ち合わせ場所に行ったのに、連絡もなく約束をすっぽかされた」

「その後連絡したときには、すでにブロックされていたみたいで、よく分からないまま関係が終わってしまった」

という話を聞きました。

これもまた、「誰にもバレなければ何をしてもよいだろう」という、間に人を介していないアプリならではの逸脱行為といえます。会社や学校の知人でそんなことをしたら、すぐにまわりに知られて信用を失ってしまいますが、アプリなら平気な顔で生活していける。残念ながら、「だったら好き放題やってもいい」と考えている人が一定の割合でいるのです。

リアル社会と同じようには振る舞えない？

私は前項の話を聞いて改めて、「人間の行動の規範は、リアルな社会がつくっているんだな」と感じました。人間が「これはやっちゃいけない」と自分を抑えているのは、人の目があるリアルな社会で生きているからこそ。

もちろん、匿名でも誠実な行いをする人はたくさんいますが、多くの人は「誰にも知られないならいいか」と自分勝手で自己中心的な考えをしたり、行動に出てしまったりするのです。

そういう意味で、アプリ内でリアル社会と同じように誠実に振る舞うというのは、実はけっこう難しいことなのかもしれません。最初から相手に本名を伝える必要はなく、職業や年齢も、本当のことを伝えなくて済んでしまうからです。

さらに、間接性や匿名性の中でやり取りをするので、コミュニケーションのハードルも低い。プロ野球に興味がないのに、「毎シーズン50試合は観戦する野球マニアです。楽しく球場デートしませんか」と言ったとしても、誰もそれを嘘だと見抜くことはできません。

本当は、「この嘘のプロフィールを読んで連絡してくるのも自分と同じ人間なんだから、あまり適当なことは書けないな」と思うべきですが、アプリをいじっているうちは、相手の顔は見えません。アマゾンや楽天で注文するときに、「この注文を受けるのはショップの人なんだ」とはあまり思わないでしょう。それと同じです。

つまり、「はじめは人間ではなくモノとして見てしまう」「相手が生身の人間という意識ができない」というのは、アプリの特質上、仕方ないことなのかもしれません。

ただ、ネットショッピングなら相手を意識しなくても注文はできますが、マッチングアプリではそうはいきません。はじめはどんなにライトなやり取りでも、お付き合いを進めていけば、いつか必ず生身の相手と会ってコミュニケーションを取るときが来ます。

そこで目の前に現れた人を、ちゃんと人間として尊重して扱えるか。それとも、それでもまだ、ネットの中のモノとしか見られずに、嘘をついたり誠実ではない振る舞いをしたりするのか。自分の前に現れた人はどちらのタイプかきちんと見極める必要があるでしょう。

だからこそ私は、アプリでやみくもに「いいね」をして、ちょっと気になるくらいで「じゃ会ってみるか」と次々いろいろな人と会う行為は避けるべきではないかと感じています。

自分が意識できること

もちろん自分自身も、そういったモラルハザード的な行動はしないようにしたい。そのために特に心に留めておいてほしいことが2つあります。

1つ目は、自分はプロフィールをなるべく盛らないこと。そして、残念ですが、「相手のプロフィールの半分くらいは嘘である」と思いながらやり取りをすること。「相手も嘘をついているだろうから自分も嘘をついてもいいだろう」と考えるのは違います。

画面上に現れるプロフィールは、リアルで会って話すよりも圧倒的に情報量が少なく、精度も低いと認識しておきましょう。実際に会ったとき、相手が自分が想像していた通りの人物ならいいですが、ときに大きくはずれてしまうこともある。

言い方は悪いですが、「マッチングアプリでの出会いはギャンブル性が高い」ということを覚悟しておきましょう。


そしてもう1つ、これは自分側の心がけですが、「約束をドタキャンするときは、必ず一言メッセージを添えてきちんと断りましょう」ということ。

相手をブロックして関係を終わりにできてしまった〝成功体験〟が1回、2回と増えていくと、自分の中に「結局、アプリってこんなもの」という認識がパターン化されやすくなってしまいます。自分がアプリを不誠実に利用しているうちは、理想の相手には出会えません。

面倒でも、

「ごめんなさい、やっぱり会うのは遠慮させてください」

と一言メッセージを送る。

そんな行動を積み重ねていくことで、無用なトラブルを避けることができますし、アプリに向き合う自分の心構えもできてきます。

そうすると、自ずから相手のことも「この人って嘘っぽいな」「この人は信用してよさそう」と見る目ができてきます。それは、相手をモノとして見るのではなく、生身の人として見るトレーニングでもあると思うのです。

必ずリアル社会でも役立ちます。古くさい意見かもしれませんが、やっぱり誠実さって大切です。

マッチングアプリは「人間関係リセット症候群」にピッタリ

最近の若い世代に、「人間関係リセット症候群」が増えていると聞きます。

これは人間関係のストレスの蓄積などから、いきなりスマホの電話帳を削除したり、SNSアカウントを削除したりと、衝動的に人との関係を断とうとする行動を指すもの。さらには、いきなり会社に来なくなってしまって退職代行会社に辞表を送らせたり、家族との連絡も遮断してしまったり、といったハードな振る舞いをする人もいます。

少しずつ対話を重ねたり交渉したりするのではなく、ある時点まではがまんを重ねてきて、あるときプツンと糸が切れたように「もうやめた」となってしまう。そのときにはルールもモラルも無視で、その場から退場してしまうのです。

マッチングアプリは、この人間関係リセット症候群の人たちにまさにピッタリのツールです。

交際相手が欲しいときや少し寂しいとき、登録すれば誰でもすぐ簡単に条件に見合った人に出会える。そうやって知り合い、友人、彼氏、彼女が膨れ上がっていっても、残念ながら人間にはやはり一人一人適切なキャパシティがあります。その限界が訪れると、「もうやめた」とリセットしたくなる。

それでも、アプリ上の人間関係なら大きな問題にはならない。ここに大きな怖さがあります。

関わる人が増えることによるストレス

「一年生になったら友達100人できるかな」という子どもの歌の歌詞があります。しかし実際は、友達が100人いるということは、1人の人にとって大変なストレスにもなります。

人間が親しく友人として付き合えるのは、よほどコミュニケーション能力が高い人以外は、せいぜい10人くらいではないでしょうか。

よく、「アドレス帳は何万件」と自慢している人がいますが、その人もただの知人がそれくらいいるというだけであって、いざというときに駆けつけてくれる友人など、せいぜい数人でしょう。

アプリやSNSなどでメッセージをやり取りする人数が増えていくと、心はキャパオーバーを起こします。ある時点で「これ以上関係を増やしたくない」とストップがかかり、「いっそ全部、切ってしまおう」とリセット願望が生まれるのです。

マッチングアプリは次から次へと人と出会える仕組みになっているため、リセットしたくなる頻度も高いでしょう。

それをやられた側はたまったものではありません。急にブロックされて連絡が取れなくなり、最初はそれなりに傷つきます。しかしだんだん、「なんだ、気軽に切っていいんだ。じゃあ私もそうしよう」と自分もリセットする側になっていく。

普通では考えられない行動がいつの間にかできるようになってしまうことも、マッチングアプリの罠といえるでしょう。

大切なことは、逃げずに相手と向き合うこと

本来、人間同士のつながりは、ゲームのように簡単に強制終了してやり直せるものではありません。

リアルのつながりで出会った彼氏と別れようと思ったら、周辺の友人関係や職場、サークル、様々な場所に影響を及ぼすこともあります。なかなかアプリのように「はい、終わり。さあ、次へ！」とはいきませんよね。もしかするとすでに親に紹介済みだっ

たりして、父親、母親などが「彼が悪いの？　許せない」などと騒ぎ出すかもしれません。

「そんなの面倒くさいな」と思うでしょう。しかしこの少し面倒なことがあるからこそ、ちょっとがまんして付き合いを続け、そのうち、お互いに成長して深い付き合いができるようになるのではないでしょうか。

「紹介してくれた友人関係を壊したくないから、もう少し彼と話し合ってみようかな」

「会社の先輩から、彼の意外な一面を聞かされて、別れる気持ちが揺らぐな……」

相手とお付き合いを継続するというのは、実は相手と自分だけで完結できない部分に支えられていることが多いです。簡単にリセットを選べない状況があるからこそ、相手としっかり向き合える一面もたしかにあるのです。

さらに、長く交際をしたり、ましてや結婚生活となれば、相手に「あれ？　こんなはずじゃなかった」と思うことがしょっちゅうあるはず。そのとき即リセットしか手段を知らなければ、自分自身が最も苦しむことになると思います。

「自分が選べる選択肢を増やす」という意味でも、ネガティブな出来事や「間違いだったかな」と思うことでもすぐに逃げずに、まずは相手と向き合ってみることが大切です。

そのためにも、アプリを使う際は人間関係があふれ返るのを避ける工夫が必要です。普段からやり取りする人を見直して減らしたり、そもそも「同時に5人以上とやり取りしない」など自分の中でルールを決めておいたりすると、いきなり「リセットしたい」という感情にならずに済むかもしれません。

大切なパートナーに出会うためにとても重要なこと。簡単にリセットを選択せず、自分のできる範囲内で、人と向き合っていきましょう。

マッチングアプリは「もっといい人いるかも症候群」になりやすい

「自分には他にもっといい人がいるかもしれない」

という考えをつい持ってしまうのも、マッチングアプリの罠の1つです。

アプリ利用者に聞いてみると、

「実際に会ったら、想像とかけ離れていた」

「顔はタイプだけど話のツボがズレていた」

というときはもちろん、やり取りが続いてこれからリアルで会おうというときも、心のどこかに
「本当にこの人でいいの？　もっといい人がいるのでは？」

と思ってしまい躊躇することがあるそうです。

そうして増えていくのは、本命ではなくキープの相手ばかり。

「たくさん出会っているはずなのに、なぜか本命の相手にはなかなか巡り合えない」

と悩む人も多くいるのです。

こんな悩みを抱えている人は、

「これからも同じ数だけ出会える」

「これから上のレベルの人とも出会える」

というポジティブな思いだけに頭と心を支配されてしまっています。

たしかに、可能性ゼロとはいえないかもしれません。だからといって、続ければ続けるほど条件のいい人と出会える確率が上がるというのも間違いです。

やはりどこかで手を打つことが大切です。

毎日毎日、アプリを開くたびに違うおすすめの相手が永遠に出てくる。そのため、

「自分はさらに上を狙える」

とあらぬ期待をしてしまう。たとえアプリで出会った人がタイプじゃなくても、シンデレラストーリーは続きますから、

「次にきっといい人に会うための試練なのね」

と捉えてしまう。

こんな感情になってしまうのも、無理はありません。

しかし残酷な話ですが、現実はそうはいきません。これを繰り返した結果、ハッと気づくと自分が結婚するのにふさわしい年齢を逃してしまっていた……。

そんな人がたくさんいるのです。

恋愛の相手に上も下もない

では、「もっといい人いるかも」という感情と、どのように向き合っていけばよいのでしょうか。

まず、そもそも恋愛や結婚の相手に上も下もない、と認識しましょう。あるのは、自分に合うか合わないか、それだけです。付き合う相手を他人の相手と比べることも意味がありません。

「『この人ともっと話をしたいな』『相性もまあまあ悪くないな』と思える人に出会えたらラッキー！」といったスタンスで臨んでみてください。

大事なことは、「私の交際相手はすごい人」と自分に無限の期待を持ちすぎないことです。

様々な取材をする中で、「相手選びは物件探しと同じ」と言った人がいましたが、まさに物件も「すべてが完璧に気に入る物件はない」と言いますよね。また、「本当に自分とぴったりくる家は3回引っ越さないとない」とも言われています。

その点においては、相手選びと物件探しは非常によく似ています。

自分と完璧に合うという人はいません。「自分にピッタリな相手がどこかにいるはず」という幻想を捨てるところからはじめることが大切です。

むしろ「相手と違うところがあるから、面白さも生まれる」この当たり前の事実をもう一度思い出しましょう。

相手を選ぶ際も、「全体で見て6割くらいは好き」というハードル感でいいのではないでしょうか。その方が、それを7割、8割に引き上げていく、愛を育てていく、といった楽しみも生まれます。

「この中から選ぶ」と決めてみる

理想の相手を「ここにはいない」と考えるのではなく「この中からどうやって見つけていくか」という思考に切り替えることも大切です。

幸せな出会いとは、他でもないあなたと合う相手と出会うことです。

その基準は、「年収がいくら」「身長がいくら」といった、必ずしも数値で表せるものではありません。「自分がもっと努力すれば、レベルの高い相手と付き合えるはず」といった努力目標のようなものでもないはずです。

マッチングアプリ上で無限にも見える出会いですが、最終的にお付き合いするのはたった1人です。そうなると、多くから選ぶより、「この数人」と枠を決めて、その中から吟味して選んだ方がいいように思います。

その際は、繰り返しますが「年収」「身長」などの数のマジックに騙されないようにしましょう。

自分で意識的に制限をかけることで、いつまでも「ここではないどこかにいる理想の彼氏」を求め続ける旅から、脱出できるかもしれません。

自分の視点からしか相手を見られない

マッチングアプリは、認知度が高まる一方で、まだまだ「私、マッチングアプリを使っているよ」

「私たちマッチングアプリで出会いました」

などと、まわりに大っぴらに言えるツールにまではなっていない印象です。

実際に、「マッチングアプリで出会ったことを友達や会社の人に言っているか」を聞いた調査では、40％以上の人が「誰にも言っていない」と回答しています。

友達や家族には知られずに、自分だけで交際相手を探す。このこと自体は、もちろん悪いことではありません。大人ですし、恋愛の話ですからすべてをまわりに公開する必要はないでしょう。

しかし、このように1人でこっそりと利用できるマッチングアプリに弊害があるとするならば、「自分の視点からしか相手を見られない」ということがあげられると思います。

「人にはいくつもの顔がある」とはよく言ったもので、あなたも「家族といるときの顔」「友達といるときの顔」「職場の顔」などそれぞれ異なる顔をしたあなたを持っているはずです。

そして、それはマッチングアプリで出会う相手もまた同じです。

リアル社会での恋愛の場合、相手のそうした様々な顔を、まわりの人から知る機会が少なからずあると思います。

「○○くん、会社では後輩の面倒見がいいって評判だよ」

「仲間内では意外とムードメーカーなんだよね」

「こないだ飲み会で、あなたのことを自慢してたよ！」

こうした自分が知らない相手の一面を知ることで、より一層相手への理解や信頼は深まります。そのような大切な機会が、友人や知人を介さないマッチングアプリの出会いには欠落しています。

判断はすべて自分1人という難しさ

マッチングアプリでは、相手を選び、やり取りをして実際に会うかどうか決めるのも、判断はすべて自分1人に委ねられています。頼れるのは、画面上の情報だけ。しかも、その情報も100％信じられるものではありません。

万が一、「こんな人だとは思わなかった」といったトラブルに見舞われても、自己判断で会った手前、まわりに相談しにくいと感じるケースもあると思います。

もし誰かに相談できたとしても、相手がどんな人間か、どこで出会ったのか見当もつかなければ、相談を受けた人も適切なアドバイスをするのは難しいでしょう。

そのような背景から、たった1人でいろいろなリスクやトラブル、悩みを抱えこみやすい点も、マッチングアプリに潜む罠だと考えています。


では、その罠に引っかからないためにはどうすればよいのでしょうか。

それは、信頼できる友人や家族など、マッチングアプリを使っていることや、今進行中の相手についてなど、ざっくばらんに話せる人を少しだけでよいのでつくっておくことです。可能なら、「自分もマッチングアプリを使って彼氏・彼女をつくったことがある」「アプリで結婚した経験がある」といった経験者だとよりいいでしょう。

すべてではなくても、あなたが今どんな人と知り合っているのか、また相手の人となりを知る人がまわりにいることは、とても心強いことです。

何も問題が起こらなければそれでよし。もしトラブルが起きれば相談できる。ぜひ、そんなセーフティネットを備えておくようにしていただければと思います。

マッチングアプリのやめどきについて

マッチングアプリでの恋人探しにおいては、やめどきを見誤らないことがとても大切だと思います。

「あと1回だけ」

「あと1か月だけ」

と希望を託してお金と時間を投入する代表的なものとして、婚活や妊活があげられます。特に不妊治療では、借金をしながらも

「あと1回頑張れば、もしかしたら赤ちゃんに恵まれるかも。もう200万円も使ったのに、ここであきらめたらすべてがムダになる」

とやめどきが分からない、あるいはやめたことを後悔してしまう人も多いです。

ですが、そうやってお金と時間を限りなくつぎ込むことで、本当に幸せが手に入るのでしょうか。

もちろん、それは本人にしか分かりませんが、私は不妊治療や婚活をするためだけ

に人生があるのではないと考えます。

長期間マッチングアプリを使っていても、

「けっきょく結婚相手は見つからなかった」

ということも十分あるでしょう。


こうしたネガティブな経験は、後からいくらでもポジティブに意味づけを変えることはできます。

たとえば、アプリをやめて、アプリに使っていた時間を大好きなアウトドアを楽しむ時間に変えたとします。

その結果、とても趣味に没頭できて、仲間までできたりしたら、

「あ、今の私ってすごく充実しているな」

「これこそ自分がやりたかったことなんだな」

と気づくことができるでしょう。さらに
「あのとき、アプリを思い切ってやめてよかった」

「やめられた私はえらい！」

と自分の行動そのものに自信が持てるかもしれません。

逆に、突き詰めて考えた結果
「やっぱり私の幸せは結婚と子どもを育てることにある」
と思ったら、何度も失敗したマッチングアプリで相手を見つけようとするのではなく、結婚相談所などの結婚に直結したシステムにシフトした方がいいでしょう。
最も避けていただきたいことは、目的があやふやなまま
「現状が変わるかもしれない」
と、その場所や環境にしがみつくことです。

残念ながら、自分が置かれている環境は簡単には変わりません。「自分がこの先どうなりたいのか」「どんな未来なら満足できるのか」について頭が痛くなるほど考えて、答えが導き出せたなら、後はそこに向かって進んでいくだけ。「あと1回だけ」「ほんとにあと1回だけ」とずっとダラダラ使い続けるのは、自分の魅力を安売りし、すり減らしていくだけです。

自分の魅力は、マッチングアプリの中だけにあるのではない。このことを忘れないようにしてほしいです。

第6章

使い方を間違えなければ大丈夫！
マッチングアプリとの上手な付き合い方

Matching App Addiction

マッチングアプリという新たなツールが登場したことによって、出会いのきっかけが増え、複数の人と同時に出会うことが可能になりました。それによって、恋愛観や結婚観が変化したことも事実でしょう。

その一方で、アプリには闇や罠もあるとお伝えしてきました。そういったデメリットはあるにしても、今後、マッチングアプリは出会いの場としてますます発展していくことでしょう。

最後となる本章では、アプリとどうやって付き合っていくべきか、マッチングアプリとの上手な付き合い方をご紹介したいと思います。

恋愛は方程式通りにはいかない

「マッチングアプリでなかなか望む相手と出会えない」

と悩む人の中には、様々なアプリを併用している方も多くいるようです。そんな〝マッチングアプリ難民〟の方にその理由を聞くと、こんな答えが返ってきます。

「いろんなアプリを併用した方が現れる人の母数が増えて、いい人と出会える確率が上がりそうじゃないですか」

もちろんその可能性も否定はしませんが、恋愛は数学の方程式とは違います。出会いが多ければ多いほど、自分にとっての理想の相手と結びつくとは思えません。

たとえば、深層心理学者のC・G・ユングは、

「人間の無意識の中には、『アニマ・アニムス』という自分とは逆の性（女性なら男性、男性なら女性）や、『シャドー』という自分では否定している要素が潜んでいる」

と考えました。ユングは、こういう無意識に潜むいろいろな自分のことを「元型」と呼んでいます。

おそらく「あれ、この人、なんか気になるな」という相手は、この自分の中の異性や自分が否定している自分、つまり「元型」と関係しているのではないでしょうか。

これは時として、プロフィールにある身長、職業、収入といった分かりやすい条件とは関係ないことがあります。

これが愛の力だ！

この例をここで出すのがよいかどうかは分からないのですが、私が「ああ、これはユングの言う『元型』をお互いの中に見つけた恋愛なんだな」と思ったエピソードがあります。それは、皇室にいらした眞子さんの結婚のお話です。

眞子さんが大学時代に恋に落ちた相手は、元華族出身や大社長の御曹司などではありませんでした。シングルマザーに育てられた一般の家庭の青年。大学を卒業して就職した大手銀行をやめ、弁護士を目指して法律事務所に勤務しているという恋人との婚約が整い、記者会見を開くまでは幸せそのものでした。

そこまではよかったのですが、その後、青年の母親の借金などが週刊誌に報道され、大きな社会問題になったことを覚えている人も多いでしょう。

その後、結婚は保留になってしまい、お相手の青年はアメリカの弁護士資格を取るため、単身でニューヨークに旅立ちました。眞子さんはまだ皇族の身ですから、一般の女性のように気軽にアメリカに遊びに行くこともできません。誰もが「もう結婚は難しいだろう」と思いましたが、2人はあきらめませんでした。眞子さんは途中、「結婚は私たちにとって、自分たちの心を大切に守りながら生きていくために必要な選択」

とした文書を発表。2人の意思は変わりませんでした。

そしてついに父親である秋篠宮皇嗣殿下が、誕生日会見で「結婚を認めます」と発言し、帰国した小室さんは3年ぶりに眞子さんに再会。2人は結婚してともにアメリカに旅立つことができたのです。

結婚に際して女性皇族に支払われる一時金を辞退、アメリカで夫は二度、弁護士試験に不合格となり、とても狭いアパートでの生活が続いたとも報じられました。それでもたまに隠し撮りされる2人の表情は底抜けに明るく、「本当に幸せなんだな」という様子が見る側に伝わってきます。

その後、夫も弁護士試験に合格し、今は大手法律事務所に勤務、落ち着いてアメリカでの生活を築いているようです。

このカップルに、私は「愛の力ってすごいな」と感動しました。皇族の眞子さんに出会いの機会はほとんどありません。夫になる男性とは大学の教室でたまたま近くに座ったとされています。

「この資料、もらってないかも」

「あとで送りましょうか。LINE交換していただいてもよいですか」

といった簡単なやり取りがきっかけだったのかもしれません。それでもこれだけの深い愛が生まれる。

婚約会見で眞子さんは相手を〝太陽〟に、自分を〝月〟にたとえていましたが、これぞまさにユングの言うところの「意識の中の私と影（シャドー）」ということなのではないでしょうか。育った環境も性格も将来の夢もまったく違う、でもお互い相手が気になって離れられない、という結びつきです。

この話からも分かるように、「選択肢が多いからよりよい相手に出会える」ということはないのです。

逆に「この中に無意識にひかれ合う相手がいるんだ」と思って、まわりにいる限られた人たちをじっと見つめてみる方が、よほど「この人！」と思う相手に出会える確率が上がるのではないでしょうか。

今いる人で、今できることを

少し話が脱線しますが、現在の環境から最適解を選ぶということは、医療現場にもあてはまります。

私は現在、周囲何十キロにわたって何もないところにポツンと存在する陸の孤島のような地域で働いています。若い頃からこのような〝へき地診療所〟で働いてみたいと思っており、その夢を叶えました。今の診療所は、それまで働いていた東京の病院に比べると、医療機器、資源、それに何よりマンパワーに限りがあります。

そのため、住民が救急搬送されてきたときなど、その限られた医療環境で処置をしなければならないので大変です。「骨折ですね。じゃ整形外科へ」と言おうとしても、70キロ以上行かなければ整形外科の病院はない。だから、少ない人数のスタッフで知恵を絞って対応するわけです。

当直の夜、重篤な患者さんが運ばれてきて、医者の私があわてていると、ベテランの看護師さんがにこやかに言いました。

「先生、だいじょうぶ。今いる人で、今できることをやりましょう」

その結果、なんとか応急処置をこなし、一晩入院してもらって様子を見て、翌日、遠方の専門医療機関に搬送することができました。

このように、いつも全員が全力で対応するので、患者さんからは不満の声はあがりません。

「都会のようにいろいろな病院の選択肢がなくてごめんなさいね」

と言っても、

「いや、ここでできることを精いっぱいやってもらえるから安心だよ」

と言われます。

これは、マッチングアプリでも同じようなことが言えるのではないでしょうか。

いくら登録者数の多いアプリを使って選択肢が増えたからといって、それだけ理想の相手に出会うチャンスが増えるとは限りません。選択肢はないけど、こちらも真剣に臨めば、同じように真剣に交際相手を見つけようと登録している人が見つかり、いい結果につながりやすいように思います。

意識を変えると可能性が広がる

繰り返しになりますが、大切なことはどんな環境にいるか、どんなツールを使うかではありません。今このタイミングで自分の目の前にある環境、ツールにどれだけ真剣に向き合い、どれだけのことができるかなのだと思います。

人生は止まってくれませんし、一度しかありません。失敗したからといってテイク2、テイク3はできません。「やっぱりテイク1のシーンに戻りたい」ということも不可能です。そうなれば、目の前に並んでいる選択肢から、自分の勘を信じてどれかを選ぶしかありません。

それは残酷なことかもしれませんが、そうやって自分に与えられた、限られた選択肢の中から真剣に選んだからこそ、想像もしていなかった意外なこと、ときには「奇跡」と言われるようなことも起きるのではないでしょうか。

「出会えない」と嘆いているみなさん、ぜひ現在の環境に腰を据えて、「ここで幸せになれる相手を探す」と決めてみてください。

そのように意識を変えただけで、相手を見る目が変わり、可能性が広がると思います。

自分なりの使用リミットを決める

「半年前からマッチングアプリにのめり込み、他の何よりも優先して没頭してしまっている」

そのような方には、まずはアプリ使用には自分で何かしらの制限を設けることをおすすめします。

たとえば、「3か月だけ使う」と期間を決めたり、「20人とマッチングするまで続ける」と人数を決めたり、「課金は○○円まで」と金額の区切りを決めておくのもいいですね。

それを紙に書いて部屋に貼っておき、いくら「あともう少し活動を続けたら運命の人に出会えるかも……」と思っても厳守する。それくらいの覚悟も必要です。

マッチングアプリは、長く使ったから、たくさん出会ったから、高額の課金をしたからといって、必ず報われるものではない。繰り返しになりますが、これだけは言っておきたいです。

前章でもお話ししましたが、人間はなかなか踏ん切りがつけられない生きものです。

「あと1か月続けたらいい出会いがあるかも」

「あと1回マッチングしてうまくいったら、今までの課金が取り返せる！」

と思うのも当然です。

しかし、マッチングアプリの運営側は、利用者がそんな心情になることが分かっています。マッチングアプリは慈善事業ではなくビジネスであり、運営側からすれば、当然長く利用してたくさん課金して欲しいわけですから、解約しようとすると「長期利用プラン」などといったうたい文句で解約を引き止めてきます。

「次に出会う人こそ運命の相手かも」

と思ってしまったとしても、

「いや、1回決めたのだから、今回はひとまずこれで区切りをつけて終わりにしよう」

といったん離れる。

このように、自分自身できちんとルールを決めておくことはとても大切です。

アプリを開く時間を減らすには

すべて自己責任のマッチングアプリの世界には、

「いったん休憩してみたら？」

「よく頑張っているよね。でも、年齢も重ねてきたし、条件の見直しをしてみるのはどう？」

と、アドバイスしてくれる人はいません。あなたがプレーヤーであり、マネージャーとなって、あなた自身を管理していく意識が大切です。

そうはいっても、「どうしても自分自身を管理できない！」「離れた方がいいと思っても離れることができない！」という人もいるでしょう。

その場合にまずすべきことは、恋人探し以外のリアルの生活を充実させることです。まわりの友人や仲間たちに「自分を連れ出してほしい」「何かあったら誘って」と声をかけておくのも1つの手です。

「毎日5時間以上はアプリを見ていた」という30代後半の女性は、寝ても覚めてもマッチングのことばかり考えてしまい、仕事中にもアプリを開いてしまうほど頭を支配されていたといいます。マッチングして彼氏らしき相手ができても、なかなか退会できずに活動を続けていたので、それがもとで彼氏と別れてしまったという痛い経験もしました。

友人からも「ちょっとやりすぎかもよ」と言われたものの、自分ではなかなかそのサイクルから抜け出せなかったそうです。

「これはまずい」と思った彼女は、ナイトライフが好きで飲み歩いている友達に、

「私もクラフトビールを勉強してみようかな。いいお店があったら誘って」

と声をかけました。そうすることで強制的にアプリを見る時間を減らせたら、と荒療治に出たのです。


「これは私にとって効果てきめんでした」

と彼女は笑って言いました。そして、クラフトビールの店で出会った同性の人から「ヨガはいいよ」とすすめられ、今では週に1回、趣味のヨガスクールに行く習慣もできたそうです。

「ヨガを始めたら健康に興味が出てきて、食材にも気をつかって自炊するようになったんです。そうしたら朝の目覚めがよくなり、ジョギングまではじめちゃって」

アプリを見る頻度はぐっと減り、

「今は彼氏探しよりジョギングのサークルの活動が楽しいかな」

と言えるほどになりました。

もしかすると今後、そのサークルでいい出会いが待っているかもしれませんね。

このように、どうしても自分だけでは解決できないときは、人の手を借りることも大事です。それは、自分だけのクローズドな世界から、リアルな世界へと引き戻す作業も兼ねているのです。

タイミングと直感が大きな要素

大学の教員だった私は、マッチングアプリを利用している学生たちに、よく聞かれていたことがあります。

「精神科医の先生が考える『アプリで効率よくいい相手と巡り合うコツ』は何ですか」

今の若い人たちらしい、効率重視の軽い考え方は嫌いではないのですが、タイパやコスパに偏りすぎるのは危険です。

もちろん、アプリの達人のような人は、「これがいい相手と巡り合うコツ」とテクニックを語れるのかもしれません。しかし、先ほどユングの元型の話で説明したように、条件面での理想の相手と、自分が本当に求めている相手は異なります。

日常生活でも、手先のテクニックやコスパでは語れないことでありふれています。たとえば、カロリーや栄養バランス、値段を考えて選び抜いたAランチがその日の自分にはなんだか合ってなくて、次の日、何も考えずに注文したBランチに大満足。「それを理屈で説明しろ」と言われても誰もできません。「タイミングや直感の問題」としか言いようがありません。

こうした結果は、いくら技術が発達したとはいえ、世の中はコントロールできるものばかり存在しているわけではない。そんなことを教えてくれます。

そして、恋愛や結婚こそまさにタイミングと直感が大きな要素を占めるものといえるでしょう。いくらＡＩが「あなたの好みを計算してピッタリの相手をマッチングしました。これ以上、理想の相手はいません」と言って誰かを選び出しても、あなたが「あ、いいな！」と思わなければ、恋愛ははじまらないのです。

逆に、外を見ていてたまたま目に入った異性が素敵で、一瞬でそちらに心を奪われてしまう、そんなこともあるかもしれません。一目ぼれが運命の恋愛に発展、というエピソードはいくらでもあります。

運命的な出会いがしたい！

1990年代に世界的な大ヒットになった小説、映画に『マディソン郡の橋』というのがあります。当時は「不倫小説」などと言われてスキャンダラスな扱いだったのですが、先日、別のエッセイを書く関係で読み直し、その内容に驚きました。

アメリカののどかな地方で夫や子どもを愛しながら暮らしていた女性が、家族がいない間にやって来たカメラマンと4日間だけの恋に落ちる。その後2人は生涯、二度と会うことはなく、それぞれの人生をまっとうする。

『不倫』と呼ぶにはあまりに短期間で、生きている間は誰にも知られなかった秘めたる恋を描いた物語でした。

私が改めて感じたのは、当時これが世界で大ヒットしたということは、

「たとえ短い間でもいい。運命的な出会いがしたい」と思う人がたくさんいたんだな、ということです。「とにかくこの人が気になる」「心がひかれる」という思い、これこそが恋愛の真骨頂。何が起こるかわからないからこそ、人生は楽しく豊かになるのです。

マッチングアプリを使うときもぜひ、なんとなく気になる、なぜかひかれる人はいないか探してみてください。

まずは自分のコンディションを整える

直感にまかせて相手を選ぶには、自分のコンディションをよくしておくことが何よりも大切です。

「体調が悪い」「勉強や仕事がうまくいっていない」「ダイエットやエクササイズが長続きしない」というように、物事がうまく進まないときに相手を探すと、つい私をここから救い出してくれる人を求めてしまうため、目が曇りがちです。

そのときに見つかった相手と付き合ったとしても、相手に依存しすぎて、けっきょく相手から切られてしまうこともあるでしょう。

直感を磨くには、まずは自分を磨くことです。

とはいっても、とびきりの美容やファッションでピカピカになろう、という意味ではありません。

「朝はきちんと起きる」「日課にしているストレッチをやる」「健康的な食事をとる」「自分なりに勉強や仕事を頑張る」「たまには趣味を楽しむ」「部屋にあるいらないものは捨てる」「シーツをまめに洗濯する」こんなところです。

こうして「私けっこうちゃんとしてる」という自信が身につくと、マッチングアプリで気になる人を見つける直感も研ぎ澄まされていきます。

そして、「いいな」と思った出会い一つ一つを大切にすることが、結果としてあなたを成長させ、いい恋愛、いい結婚にもつながっていくことでしょう。

結婚相談所にあってマッチングアプリにないもの

結婚相談所にあってマッチングアプリにないもの。それは恋愛の教育指導です。相談所には基本的にアドバイザーがいて、

「あなたのプロフィール、もっとこういうふうに改善した方がよりよくなりますよ」

「お相手から指摘を受けたので、もっと相手のことを考えたコミュニケーションを心がけましょう」

などと指導をしてもらえます。

私の知り合いで、お見合い相談所のサクラをしていた女性がいます。ずいぶん昔の話なので、今はそんな人はいないと思いますが、そのサクラというのも詐欺ではなく、早い話が男性への恋愛教育係です。

そのサクラの女性はとても外見がステキだったので、多くの男性登録者が「この人に会いたい」と指名します。女性は指名してきた男性と食事に出かけて、さりげなく

アドバイスします。

「このお店、とてもいいですね。でもデートのときって、たまには女性にも『どんなところがいいですか？』と好みを聞いてもらえるとうれしいんですよ」

「このバッグどうですか？　かわいいですか？　……ありがとうございます。こうやってほめてもらって嫌な気持ちになる女性はいないと思いますよ」

「ナプキン、ちゃんとたたんで几帳面ですね。でも高級店ではたたまなくていいんですって。なんだかおかしなマナーですよね」

このように、デートをしながらごく普通の会話の中で、マナーや女性との接し方を自然に教えてあげるのがサクラの役割です。

もちろん、このサクラの女性とデートした男性がカップルとして成立することはないのですが、そうやってサクラとの教育デートを経験した男性は、ほぼ全員、成婚率が上がったそうです。

マッチングアプリで人間力向上！

マッチングアプリに、恋愛の教育指導をしてくれる人はいません。そのため、アプリで真面目に結婚相手を探したい人は、常に自分自身の行動を振り返る習慣が必要だと感じています。

これを意識せずに使用していると、フラれてもその要因を考えることもせず、

「じゃあ次に行こう」

「この人ならいけそうだから『いいね』を送るか！」

などと、適当に流して次に進みがちです。

傷つくことから逃げて、ラクな思考を繰り返していたら、いつまでたっても今の自分から成長できず、望むゴールにはたどり着けません。

大切なことは、１人の相手と関係が終わるたびに

「なぜ付き合えなかったのだろう？」

「なぜ続かなかったのだろう？」

「自分はどうすればよかったの?」

と1人反省会をして振り返ることです。

できるだけ自分自身を他人として眺め、足りなかったところ、改善すべきところを考えてみてほしいです。自分の監督やコーチになったつもりで、というのがコツです。

マッチングアプリは出会いの場でありながら、恋愛だけではなく人間関係やコミュニケーションのスキルを磨けるツール。そんなふうにとらえて活用してみるのもいいかもしれません。

ときには、「この人は人気がありそうだけど、アタックしてもいいかな?」と背伸びしてみることも、自分を成長させていく上で大切なことだと思います。

余談ですが、マッチングアプリを使っているうちに、人と話すときのコツが分かってきて、念願の会社の面接に合格して就職できた、という人を知っています。

それもまたアプリの効用ではないでしょうか。

マッチングアプリは「カメレオン人格」を誘発しやすい

誰かと付き合うたびに、メイクや髪型、洋服のスタイルがガラッと変わる。まわりにそんな人はいませんか？　もしくはあなた自身に心当たりはありませんか？

「もともと可愛い系だった友達が、年上の男性と付き合いだしたら一気に彼氏好みの大人っぽい洋服を着て高級なバッグを持つようになっていたので驚きました」

「パンツスタイルが好きだけど、彼氏が『スカートの子っていいよね』と言ったから、それからはずっとスカートをはいています」

そんなふうに相手や周囲の状況に合わせて、自分の外見や行動、ときに考え方までどんどん変えていく人がいます。

これが行きすぎると、心理学でいうところの「カメレオン人格（アズ・イフ・パーソナリティ）」と呼ばれる状態になってしまいます。これは病気というわけではないのですが、その場その場で自分を変え、本当の自分がどこかに行ってしまうという不安定な状態を指します。

もちろん、その場に応じて自分をある程度柔軟に変化させることは、みなさんも自然とやっていることでしょう。仲のいい友達といるときは元気で明るいパーソナリティ、家族といるときは甘えん坊のパーソナリティ、会社にいるときはテキパキ仕事をこなすパーソナリティなど、ＴＰＯによってあなたの人格は少しずつ違いがあるはずです。

しかし、このカメレオン人格が過剰に発動し、変化しすぎて本来の自分とあまりにもかけ離れてしまうと、心に大きな負担がかかります。無理をしすぎてしんどくなってしまったり、完全に適応しきれずストレスをためてしまったり。ひどいときは、それらが一気に爆発して交際相手や家族、友人に対して暴言や攻撃的な態度をとってしまう、といったケースもあります。

「なぜこんな話をするの？」と思ったかもしれませんね。何を隠そう、マッチングアプリの環境がカメレオン人格を誘発しやすいからです。

毎日たくさんの人から「いいね」が届き、人によっては月に何十人という人とメッセージのやり取りやデートをすることがあります。カメレオン気質の強い人は、そのたびに相手の顔色や好みをうかがいながら自分を七変化させてしまいます。
「Aくんといるときの私は甘える系だけど、Bくんといるときはツンデレ系。年下のCくんといるときは、姉御肌な雰囲気でしっかりしなきゃ……」
などとやっているうちに、いつしか心が疲労してしまうでしょう。

それだけでなく、「どれが本当の私なんだろう」「みんなに合わせているけど、私が本当に好きな人って誰?」といった、自分迷子や好きな人迷子にもなりかねません。そんな状態では、何人とマッチングしても自分に本当に合う人には出会えないでしょう。

日々振り返って考える

もちろん愛情や気遣いから、多少のことを相手に合わせるということは悪いことではありません。しかし、自分が苦しくなるほど度が過ぎてしまうのは考えものです。

では、相手に左右されず自分らしくお付き合いのできる相手と出会うにはどうしたらよいでしょうか。

これまでも何度かお話ししてきましたが、まずは、「自分自身がどうしたいのか」をよく理解することが大切です。

交際や結婚に関して、「これだけは譲れない」ということは何でしょうか。

「相手とはいつも対等な関係でいたいから、デート代は割り勘にしたい」

「ファッションやメイクに関しては、私の好みを尊重してくれる人がいい」

など、いろいろあると思います。それをまずははっきりさせて、その軸がブレないようにしましょう。

また、マッチングアプリを使う目的を今一度考えてみましょう。

恋人や結婚相手を本気で作りたいのか、ただ自分の価値を知りたいのか、少し遊びたいだけなのか。

目的を明確にすると、

「自分を変えて相手に合わせることにどれくらいの意味があるのか」

「そもそもどこまで自分を変えて相手に合わせる必要があるのか」

といったことが見えてきます。

迷い悩むことも決して無駄なことではありません。世界でたった1人のあなたの限りある人生、自分らしく楽しく過ごしてほしい。だから、日々自分自身を振り返る癖をつけ、幸せだと思える時間を増やしていきましょう。

依存体質の人は何かに集中できる力を人より持っている

寝ても覚めてもスマホが手放せないほどマッチングアプリに依存してしまうのは、決していいことではありません。ときとして、依存している対象（ちょっと気になる相手）に執着しすぎて、日常生活や仕事、人間関係などがおろそかになってしまったり、健康面、経済面、精神面に悪影響を及ぼしたりと、人間そのものを壊してしまう可能性があるからです。依存は本当に怖いものです。

では、「私は依存体質」という人はどうすればよいのでしょう。

依存傾向にある方は、それだけ何かに集中できる力を持っていると考えて、それを別のことに向けてみましょう。集中力はその方向性によって、仕事や学習、運動などの様々なパフォーマンスを高めてくれます。

あの大谷翔平選手が世界レベルのすばらしい成績を叩き出しているのも、並はずれた集中力を持ち合わせていることが大きいといわれています。「球場に行ったら、その日にできることだけを考える」と話す通り、周囲のスキャンダルや騒ぎをものともせず、一試合一試合に集中して着実に結果を出す姿は非常に印象的でした。

ちなみに大谷翔平選手は、学生時代からマンダラチャートを作成していたことが知られています。マンダラチャートとは、9×9のマス目をつくり目指す目標を中心に置き、その周囲のマスへ目標達成のために必要な要素を埋めていくもの。

自分が向かうべきゴールや具体策を明確にし、余計なことに脇目も振らずに集中して進んできたからこそ、あれだけの成績を残すことができているのだと思います。

依存は分散可能！

あなたがもし、

「私って依存体質。恋愛にすべてを賭けてのめり込んでしまう」

と思っているなら、そんな素晴らしい集中力を持っているのに、マッチングアプリだけに依存するのはもったいないことです。

そこでおすすめしたいのが〝依存の分散〟です。複数のモノや人に依存してみるのです。

たとえば、ゲームやスポーツ、あるいは漫画やアニメ、ドラマなど何でも構いません。マッチングアプリの一極集中をやめて、ほかのモノ・人に心を占める時間を増やすのです。そうやって別の依存先を増やしていき、少しずつアプリにかける時間を減らしていけば、アプリに対する熱も少しずつ冷ましていけます。

最初はなかなかうまくいかないかもしれません。「やっぱりアプリが気になる！」とついアプリを開いて、リバウンド的な反応もしてしまうかもしれません。

何度か失敗したとしても、めげることなく、「他にやりたいことは何だろう」と別の依存先を探して数歩踏み出すことができれば、そこからきっと変わっていけるはずです。

私の知り合いで恋愛依存が顕著だった人は、あるときから貯金依存になり、とにかくお金を稼いで貯めることにのめり込みました。そのためにビジネスも立ち上げ、いまでは立派な起業家ウーマンです。

もちろん貯金依存もやりすぎは危険ですが、恋愛に没頭しすぎてすべてがおろそかになるよりは生産的かもしれません。

別の女性は、マッチングアプリ漬けの日々を数年続ける中で、急に「アプリで恋人を探すために費やしているこの時間を、何か困っている人の役に立つことに使いたい」

と思い立ち、ボランティア活動をはじめました。そして、様々なボランティア活動をやるうちに、「こども食堂」の活動にハマっていきました。みんなで料理を作り、食べたこどもに「おいしかった」と笑顔で言われる、というのが思いのほか楽しかったのでしょう。

一度そのこども食堂に出かけて行ったことがありましたが、「人の役に立っている」という思いがこれほどまで人を救うのだと、彼女の笑顔が教えてくれました。

この、人の役に立つということにも、実は依存性があります。いいことをすると気持ちがいいですよね。


というわけで、「マッチングアプリに依存気味かも」と感じている人は、ぜひ一度、地域のゴミ拾いに参加したり、近所のお祭りの手伝いをするなど、簡単なボランティアをしてみてください。そしてその心地よさを感じてみてください。

継続しなくても、1回限りでも大丈夫です。ボランティア活動が、実は相手のためではなく、自分の心の健康のためになるということがご理解いただけると思います。

「マッチングアプリ依存症かも」と感じたら、他の趣味や活動に時間を分散させる。この方法を覚えておいてください。

あなたのことを深く知らない他者からの評価を気にするな

マッチングアプリユーザーの主な目的は、自分の理想とする相手に出会うことだと思いますが、これまでお話ししてきたように「何人から『いいね』がきたか」「異性の注目をどれだけ集められたか」といったことも大きな関心事でしょう。

また、そうした日々の評価に一喜一憂する人が本当に多いと感じます。評価が気になる気持ちも分かりますが、アプリに必要以上にハマらないためには、この他者からの評価を気にしすぎないことも大切です。

当然のことですが、マッチングアプリでの評価は、あくまで「アプリ上の世界でどう見られているか」に過ぎません。家族や友達、職場とはまったく違います。あくまでアプリの世界で見せている自分のアバターがいいと思われたり思われなかったりしているだけです。それを忘れてはなりません。

私もSNSで知らない人から

「以前は面白いエッセイのファンだったのに、すっかり変わってしまったね」

と言われたり、逆に
「前は硬い印象だったけど、最近はとても感じがいいですね」

と言われたりすることがありますが、批判でもほめ言葉でも、この人たちが見ているのは自分の一部でしかないと考えて、あまり気にしないようにしています。

SNSでの他人からの評価をことさらに気にすると、どんどん自分らしさをなくしていくことになりかねないからです。

ましてや、アプリでの評価はとても表面的なもので、相手はあなたのことを深く知っているわけでもありません。そんな声にいちいち耳を傾けること自体、あまり意味はありません。

「他人の評価が気にならなくなる」2つの方法

それでも、

「どうしても他人の評価が気になってしまいます！」

という人もいるでしょう。そんな方々のために、他人の評価が気にならなくなる2

つの方法をお伝えします。

1つ目が、「セルフトーキング」と呼ばれる方法です。

これは、心理学的にはトラウマを乗り越える方法の1つで、「私はどう思っているの?」「私は大丈夫?」「本当にこれをやりたいの?」と、自分で自分に質問をしていくことで、本音を引き出す方法です。

自問自答を繰り返すことで、思考が整理されてありのままの自分を知ることができます。「自分は今の自分にきちんと満足しているのか」「やりたいことをできているのか」、何より「あなたが自分をどう評価しているか」、自分にぜひ問いかけてみてください。

すると「実はアプリを続けることに疲れている」「無理したくない」という本音がぽろっとこぼれ出てくることがあります。古典的な手法ですが、試す価値は十分あります。

そしてもう1つが、自分の心をいつもいい状態に整えておくために瞑想を行うことです。瞑想といっても宗教的な難しい瞑想ではありません。ちょっとした心のトレーニングです。
アプリを使っていると次から次へと入ってくる情報に対応し、〝無〟の状態がなかなかつくりづらい状況にあります。心に余白がないとちょっとしたことでもイライラしたり、憂鬱になったり、他人の評価に必要以上に敏感になってしまいます。いい意味でいつも鈍感でいられる自分をつくるために、意識して〝無〟をつくり出すのです。

用意するのは1粒のレーズンだけ。次の手順で瞑想を行います。

①レーズン1粒を用意
②それをまずは指先で触りながら、大きさや表面のシワ、弾力などをじっくり確認します
③目を閉じてゆっくりと香りを嗅ぎます
④口に含み、今度は舌の上で大きさやシワ、弾力を確かめながらじんわりと味わいます
⑤やさしく噛みながら、丁寧に味を確認してから飲み込みます

⑥飲み込んだ後も、喉、食道、胃と、食べたレーズンが移動していくことを感じます

以上です。

たった1粒のレーズンですが、その味や香り、食感を集中して楽しむことで、「こんなにも美味しいんだ！」「こういう香りは感じたことがなかった！」など新しい発見、喜びを得られると思います。レーズンでなくても、グミや小さなお菓子などでも代用可能です。

いずれにしても、これら2つの方法を週に1回でも行っていくと、自然に自己に目を向けられるようになり、他人からの目、評価があまり気にならなくなっていくでしょう。

もちろん、今日やってすぐに自分が変わったと実感するのは難しいかもしれませんが、ぜひできる範囲で行っていただければと思います。

ネガティブはポジティブに必ず変わる、捉え直しの法則

マッチングアプリを使うにあたり、自分の選択を後悔したり、〝たられば〟を考えることは推奨できません。

しかしながら、長く使っていたり、数をこなしていたりすれば、

「あぁ、やっちゃったな……」

「なんであんな人を選んでしまったんだろう」

などと、失敗や後悔をすることもあるでしょう。そんなときに思い出してほしいことがあります。

それは、今ネガティブに感じている体験は、時が経過すればポジティブに捉え直すことができるということです。これを私は勝手に「捉え直しの法則」と呼んでいます。

たとえば、1年間アプリで恋人探しを続けてきたけれど、何も結果を残せず解約したとしましょう。

「時間を無駄にしちゃったな」

「もっと努力できたのではないか……」

と思うかもしれません。しかし、その出来事を友人に話したら

「そういえば……」

と素敵な人を紹介してくれる可能性もあります。もしその人が恋人になったら、

「ああ、あの1年間は誰かに出会わなくて本当によかった」

と思えることでしょう。あるいは

「1年でいろいろ失敗も経験したからこそ、本当にどんな人が自分に合っているかわかって、今の彼に出会えたんだ」

と思えるかもしれません。

こうした過去を捉え直す手法は、心理学においてもトラウマ体験のケアなどで使われます。過去に起きたネガティブな出来事は、それ自体は心理的な負の遺産ではあるものの、未来の自分の意識の持ちようによって、いくらでも意味を変えることが可能なのです。

今を充実させよう

捉え直しの法則には、絶対的に必要なことがあります。

それは、今を自分のやりたいことや楽しいことで充実させることです。パートナーや友人、仲間をつくることでもいいですし、仕事や趣味で満足する結果を出すなど、何でもいいです。

事実、過去に否定的に思った出来事を肯定的に捉え直したことで、多くの辛い出来事を乗り越えられてきた方々をたくさん見てきました。しかも苦難を乗り越えてきた方々のまあ、楽しそうなことといったら！

私が今働いている診療所に通ってくる、80代、90代の患者さんたちがまさにそうで、嬉々として若い頃の苦労話や失敗話を語ってくださいます。ときに神妙な面持ちで、ときに笑顔で楽しそうに話されているのを見ると、「ネガティブなことも含めて今までの様々な経験が、その人らしさ……なんともいえない深い魅力、味わいにつながるんだな」と思います。

逆に、失敗や後悔、苦労もまったくなく人に語れることもないような人生はつまらないな、と思うことさえあります。ネガティブなことこそ、私たちの人生を豊かに彩ってくれるのです。

今、恋人探しがうまくいかず、辛くて泣きたい気持ちの人もいるかもしれません。ですが、どんなに大変な経験をしても、何年か後になって、その出来事を「あれが私の成長のきっかけになったんだ」などとポジティブに転換できるようになる人はたくさんいます。人間にはその力が備わっているのです。

「今がダメだから、もう私はダメ」などと結論を急ぐのは得策ではありません。この出来事の結論はどうなるのか。もしかしたら、「あの失敗があったからこそ今日がある」といつか思うかもしれない。答えを出すのは先延ばしにしましょう。

「これから、この出来事はどんなふうに意味が変わっていくのだろう？」

と楽しみに待つ、そんなスタンスでマッチングアプリと、そしてご自身の人生と向き合っていただけたらと思います。

おわりに

本書では、マッチングアプリの様々な側面をお伝えしてきました。マイナス面が目に留まり、「利用を考えていたけれどやめようかな」と迷ってしまった方もいるかもしれません。

ただ、マッチングアプリの出会いをきっかけに結婚するカップルが年々増えているのも事実です。その上、「出会いがマッチングアプリだった夫婦は、マッチングアプリ以外で出会った夫婦より離婚率が低い」という統計データもあるようです。

うまく活用すれば、いいパートナーに巡り合える画期的なツールであることは間違いないでしょう。だからこそ、利用する方には本書で紹介した様々な罠に十分に注意しながら、メリットを享受していただけたらと思います。

利用する上でみなさんに何より心得ておいてほしいことは、マッチングアプリはあくまでも出会い方の1つでしかない、ということ。私たちの生活のメインは、スマホの小さな画面ではなくその外側に広がる、リアルの大きな世界です。人と人が目や顔を合わせながらコミュニケーションを取る中で、自然に相性のいい相手と出会う。そんな出会いも当然存在しています。ぜひ、そのことを忘れないでいてください。

マッチングアプリに行き詰まっている人におすすめしたいことは、「美味しい料理を食べに行く」「気になっている場所に旅行してみる」「好きな洋服やコスメのショッピングに行く」など、意識的にリアルの生活を充実させることです。五感を使った体験は、人生を豊かなものにし、あなたの魅力をもっと輝かせるでしょう。その後、もう一度マッチングアプリでの活動を再開したら、次は、理想の相手に出会えるかもしれません。「このアプリに頼らなくても、恋人や結婚相手がいなくても、私は自分で自分を楽しませることができる」という心のゆとりが、あなたを素敵な出会いへと導くでしょう。

最後になりましたが「マッチングアプリについて書いてみませんか」と背中を押してくださった内外出版社の編集者の山中千穂さん、取材や構成で全面的にお世話になったライターの掛端玲さんにも、この場を借りてお礼を伝えさせていただきます。

香山リカ　*Rika Kayama*

1960年、北海道札幌市生まれ。東京医科大学卒業。卒業後は精神科医として臨床に携わりながら、帝塚山学院大学教授、立教大学教授などを歴任。精神医学のほか幅広いジャンルで執筆活動を行い、多数の著書がある。2022年4月からむかわ町国民健康保険穂別診療所副所長となり、総合診療医としてへき地医療に携わる。

デザイン　日毛直美
編集協力　掛端玲　八文字則子
校正　滄流社
編集　山中千穂

マッチングアプリ依存症

発行日　2024年12月1日　第1刷発行

著者　香山リカ
発行者　清田名人
発行所　株式会社内外出版社
〒110-8578 東京都台東区東上野2-1-11
電話 03-5830-0368（企画販売局）
電話 03-5830-0237（編集部）
https://www.naigai-p.co.jp/
印刷・製本　中央精版印刷株式会社

ISBN978-4-86257-710-8